Vom Krieg zum Frieden

Eidgenössische Politik im Spätmittelalter
und das Wirken der Bubenberg

Vom Krieg zum Frieden

Eidgenössische Politik im Spätmittelalter
und das Wirken der Bubenberg

Herausgegeben von
André Holenstein und Georg von Erlach

Sonderausgabe der Berner Zeitschrift für Geschichte
in Kooperation mit der Stiftung Schloss Spiez und dem
Historischen Institut der Universität Bern

2012 hier + jetzt Verlag für Kultur und Geschichte

Sonderausgabe der Berner Zeitschrift für Geschichte BEZG 74, 2 (2012)

**Berner Zeitschrift
für Geschichte**

Herausgebende Institutionen: Bernisches Historisches Museum, Burgerbibliothek Bern, Historischer Verein des Kantons Bern, Staatsarchiv des Kantons Bern, Stadtarchiv Bern, Universitätsbibliothek Bern; mit Unterstützung der Erziehungsdirektion des Kantons Bern

Redaktion BEZG: Gerrendina Gerber-Visser, Martin Stuber, unter Mitarbeit von Barbara Egli

Korrektorat: Margrit Zwicky
Gestaltung: pol Konzeption und Gestaltung, Bern
Druck: Rub Graf-Lehmann AG, Bern
Buchbinderische Arbeiten: Buchbinderei Schlatter AG, Liebefeld

Dieser Band dokumentiert die Beiträge der Spiezer Tagung vom 21. und 22. Juni 2011

Kooperationspartner

Publiziert mit Unterstützung von: DC Bank, Bern / Gesellschaft zu Mittellöwen, Bern / Jubiläumsstiftung der Schweizerischen Mobiliar Genossenschaft / Sophie und Karl Binding Stiftung / Susann Häusler-Stiftung / Private Gönner

Zitierung: Holenstein, André; Erlach, Georg von (Hrsg.): Vom Krieg zum Frieden. Eidgenössische Politik im Spätmittelalter und das Wirken der Bubenberg. Sonderausgabe der Berner Zeitschrift für Geschichte in Kooperation mit der Stiftung Schloss Spiez und dem Historischen Institut der Universität Bern. Baden: hier + jetzt 2012.

Umschlagbild: Adrian I. von Bubenberg, in prächtiger Rüstung, kommt im April 1476 in Murten an. Sein Schildhalter zu seiner Linken trägt das Wappen der Familie Bubenberg. Die wimpelförmige Kriegsfahne der Truppen zu seiner Rechten ist mit einem weissen Kreuz versehen, das dem späteren Schweizerkreuz bereits ähnelt. Es ist aber noch nicht als Symbol nationaler Identität zu deuten, sondern diente als militärisches Erkennungszeichen. – Diebold Schilling: Amtliche Berner Chronik (1483), Bd. 3, Burgerbibliothek Bern, Mss.h.h.I.3, S. 692.

© 2012 hier + jetzt, Verlag für Kultur und Geschichte,
Berner Zeitschrift für Geschichte BEZG und Stiftung Schloss Spiez

www.hierundjetzt.ch
www.bezg.ch
www.schloss-spiez.ch

ISBN 978-3-03919-257-1

Inhalt

7 **Vorwort**
Klaus Baur

9 **Vom Krieg zum Frieden**
Eidgenössische Politik im Spätmittelalter und
das Wirken der Bubenberg – Einleitung
André Holenstein

11 **Agnes von Österreich, Johann II. von Bubenberg
und die Friedensvermittlung von Königsfelden
nach dem Laupenkrieg**
Barbara Stüssi-Lauterburg

29 **Heinrich IV. von Bubenberg und der
Friedensschluss nach dem Alten Zürichkrieg**
Urs Martin Zahnd

57 **Macht und Ohnmacht der Eidgenossen**
Adrian I. von Bubenberg und die eidgenössische
Friedensdiplomatie nach den Burgunderkriegen
André Holenstein

71 **Die Familie von Bubenberg**
Barbara Studer Immenhauser

87 **Krieg und Frieden organisieren**
Eidgenossen und Gesandte europäischer Mächte
an den Tagsatzungen 1470 bis 1510
Andreas Würgler

107 **Symmetrie und Gleichgewicht**
Schritte zum Frieden in den Bildern der Chroniken
Berns und Luzerns im 15. und 16. Jahrhundert
Regula Schmid

135 **Von der Schwierigkeit, Frieden zu machen**
Aus der Sicht einer Praktikerin
Heidi Tagliavini

Autorinnen und Autoren

Prof. Dr. André Holenstein
Universität Bern, Historisches Institut
Länggassstrasse 49, 3012 Bern
andre.holenstein@hist.unibe.ch

Prof. Dr. Regula Schmid
Universität Freiburg i.Üe.
Departement Historische Wissenschaften
Av. de l'Europe 20, 1700 Freiburg
regula.schmidkeeling@unifr.ch

Dr. Barbara Studer Immenhauser
Staatsarchivarin des Kantons Bern
Falkenplatz 4, 3012 Bern
barbara.studer@sta.be.ch

Lic. phil. Barbara Stüssi-Lauterburg
Freischaffende Historikerin
Scheuerrain 1, 5210 Windisch
b.stuessi-lauterburg@bluewin.ch

Dr. h.c. Heidi Tagliavini
Botschafterin
Buristrasse 16, 3006 Bern
tagliavini@bluewin.ch

PD Dr. Andreas Würgler
Universität Bern, Historisches Institut
Länggassstrasse 49, 3012 Bern
andreas.wuergler@hist.unibe.ch

Prof. Dr. Urs Martin Zahnd
Stapfenackerstrasse 95, 3018 Bern
urs.m.zahnd@bluewin.ch

Vorwort

Der vorliegende Tagungsband fasst die Ergebnisse der Spiezer Tagung vom 21. und 22. Juni 2011 zusammen. Im Fokus stehen Angehörige des Hauses von Bubenberg, welche im 14. und 15. Jahrhundert als Politiker, Diplomaten und militärische Führer in den zentralen Konflikten und Friedensschlüssen ihrer Zeit eine entscheidende Rolle gespielt haben. Krieg und Frieden waren damals wie heute dominierende Themen. So spannte die Tagung bewusst den Bogen vom 14. Jahrhundert bis in die Gegenwart.

Die Spiezer Tagung 2011 eröffnete eine Tagungsreihe, welche die Stiftung Schloss Spiez und das Historische Institut der Universität Bern gemeinsam organisieren. Die Tagungen verstehen sich als integraler Teil der Neugestaltung der Dauerausstellung im Schloss Spiez. Sie führen universitäre Forschung und museale Vermittlung historischer Inhalte zusammen. Die Berner Zeitschrift für Geschichte und der Verlag hier+jetzt tragen nun dazu bei, die Inhalte der Tagungen festzuhalten und einer breiten, interessierten Leserschaft zugänglich zu machen.

Das Ausstellungskonzept der neuen Dauerausstellung verfolgt einen personenbezogenen Ansatz. Es beleuchtet einzelne Exponenten der Schlossbesitzer aus den Familien von Strättligen, von Bubenberg und von Erlach. Diese beeinflussten und bestimmten wiederholt im Laufe der Jahrhunderte den Gang der Geschichte der Stadt und Republik Bern, der heutigen Schweiz und Europas und verdeutlichen die überregionale Ausstrahlungskraft von Schloss Spiez.

Viele haben zum guten Gelingen des vorliegenden Bandes beigetragen und ihn mit ihrem Wissen und schöpferischen Gestalten ermöglicht. Ihnen wollen wir hier herzlich danken, allen voran den Autorinnen und Autoren für ihre wertvollen Beiträge, Annelies Hüssy für die hilfreiche Mitarbeit, Gerrendina Gerber-Visser, Martin Stuber und Barbara Egli für die umsichtige Begleitung und Redaktion, Margrit Zwicky für das Korrektorat, Bruno Meier vom Verlag hier+jetzt und der Herausgeberkommission der Berner Zeitschrift für Geschichte für die entgegenkommende Kooperation. Wir danken der Burgerbibliothek Bern, der Korporation der Stadt Luzern, der Zentralbibliothek Zürich, dem Museum Aargau, dem Verlag Markus Widmer-Dean (Menziken), der Österreichischen Nationalbibliothek Wien, dem Kupferstichkabinett Kunstmuseum Basel und der Denkmalpflege des Kantons Bern für die Bildrechte. Für das bestechende Erscheinungsbild zeichnen Chantal Meng und Juliane Wolski vom Atelier pol, Bern verantwortlich. Der Druck lag in den Händen der RubMedia Bern. Gedankt sei an dieser Stelle allen, die grosszügig die Finanzierung des Bandes ermöglicht haben. Allen Leserinnen und Lesern wünschen wir bei der Lektüre viel Vergnügen.

Klaus Baur, Präsident Stiftung Schloss Spiez

Vom Krieg zum Frieden
Eidgenössische Politik im Spätmittelalter und
das Wirken der Bubenberg – Einleitung
André Holenstein

Wenn die Spiezer Tagung 2011 die Frage nach den Friedensschlüssen in der Eidgenossenschaft des 14. und 15. Jahrhunderts mit den Schlachtorten Laupen, Murten und Dornach in Verbindung brachte, so sollten nicht die alten Bilder der vaterländischen Geschichtsschreibung des 19. und frühen 20. Jahrhunderts wieder hervorgeholt werden. Statt des Schlachtgetöses und der sattsam bekannten Kriegstüchtigkeit der alten Eidgenossen interessierte vielmehr, was jeweils nach Laupen, Murten und Dornach kam. Wie kehrte nach dem gewaltsamen Konflikt wieder Frieden ein? Wie gelang der Übergang von der Konfrontation zur Verhandlung und zum friedlichen Dialog? Wie sah die Friedensordnung nach dem Krieg aus? Waren die Interessengegensätze mit dem Waffengang geklärt oder schuf der Krieg womöglich die Voraussetzungen für neue Konflikte? Die Idee, die Friedensdiplomatie in der Eidgenossenschaft des Spätmittelalters am Beispiel derer von Bubenberg zu untersuchen, reizte umso mehr, als mehrere Angehörige dieses Geschlechts im Laupenkrieg, im Alten Zürichkrieg und in den Burgunderkriegen prominent als Politiker und Diplomaten in Erscheinung getreten sind.

Die Beiträge benennen Voraussetzungen und Faktoren erfolgreicher Friedensdiplomatie – damals wie heute.

Friedensdiplomatie baut auf das Vertrauen zwischen den Parteien. Für die Vertrauensbildung zwischen verfeindeten Akteuren sind Vermittler entscheidend, die allseits akzeptiert sind und glaubwürdig den Dialog anbahnen, aufrecht erhalten und nötigenfalls wieder in Gang setzen können. Wichtiger als die prominenten Politiker aus der ersten Reihe sind dabei vielfach professionelle Diplomaten, die wie Jost von Silenen nach den Burgunderkriegen oder Heidi Tagliavini im Konflikt zwischen Russland und Georgien eine diskrete, unspektakuläre Diplomatie der kleinen Schritte betreiben. Vertrauen muss – als wertvolle Ressource der Diplomatie – langfristig gebildet werden und lässt sich nicht auf die Schnelle beschaffen. Vertrauensbildende Massnahmen sind auf lange Sicht hin angelegt – im Hinblick auf künftige Situationen, die nicht von vornherein abzusehen sind.

Erfolgreiche Friedensdiplomatie hängt von Autoritätspersonen ab. Wer bringt die Parteien an den Verhandlungstisch? Wer kann so viel Macht und Ressourcen in die Waagschale werfen, dass die Parteien sich einer Einladung zu Gesprächen nur unter erheblichem Prestigeverlust entziehen können? Nach dem Laupenkrieg brachte die Habsburgerin Agnes, Tochter von König Albrecht I. und

Witwe des ungarischen Königs Andreas III., ihr Ansehen in die Vermittlung ein und konnte die Parteien im Kloster Königsfelden zusammenführen.

Die Akteure von Friedensverhandlungen bewegen sich innerhalb von Netzwerken und agieren in komplexen Machtkonstellationen. Scheinbar unbeteiligte Vermittler nehmen bisweilen entscheidend auf den Gang des Friedensprozesses Einfluss, indem sie Interessen und Anliegen in die Verhandlungen einfliessen lassen, die mit dem Konflikt direkt nichts zu tun haben, die Parteien aber zu einer Neueinschätzung ihrer Interessenlage und letztlich zum Einlenken bewegen können. Auch in den Friedensverhandlungen während des Alten Zürichkriegs gab es eine «hidden agenda»: Heinrich von Bubenbergs Mediation beendete nicht nur den Krieg zwischen Zürich und den übrigen Orten, sondern bediente auch die Interessen von Berns Westpolitik.

Schliesslich erwies sich die Bedeutung der Lokalität für erfolgreiche Friedensdiplomatie: Orte wie die Klöster Königsfelden und Einsiedeln oder die UNO-Stadt Genf erleichtern Friedensverhandlungen. Als neutrale bzw. neutralisierte Orte bieten sie einen geschützten Raum, wo die Parteien aufeinander zugehen, Lösungen durchspielen und Kompromisse schliessen können, ohne Gefahr zu laufen, dafür vor der Öffentlichkeit oder vor ihren Anhängern in der Heimat das Gesicht zu verlieren.

Dass die Bubenberg gerade am Beginn des 21. Jahrhunderts auf ihre Rolle als Vermittler und Friedensdiplomaten hin befragt werden, bestätigt, wie das historische Interesse von drängenden Fragen der Gegenwart angeleitet wird. Wie rasch traten in der jüngsten Vergangenheit die USA und die NATO-Staaten in den Krieg im Irak und in Afghanistan ein. Wie langwierig und wie mühselig gestaltet sich seitdem der Ausstieg aus dem Krieg und die Errichtung einer nachhaltigen Friedensordnung in den betroffenen Ländern. Frieden zu schliessen und zu schaffen war und bleibt ein nicht minder aufwendiges Geschäft, als Krieg zu führen.[1]

Anmerkung

[1] In der internationalen Forschung der letzten Jahre hat die historische Perspektive auf die Thematik der Friedenswahrung, Friedenssicherung und Friedensdiplomatie starke Beachtung erfahren. Für eine vertiefte Auseinandersetzung mit der Frage sei auf folgende Neuerscheinungen verwiesen: Althoff, Gerd (Hrsg.): Frieden stiften. Vermittlung und Konfliktlösung vom Mittelalter bis heute. Darmstadt 2011; Bois, Jean-Pierre: La paix. Histoire politique et militaire 1435–1878. Paris 2012; Naegle, Gisela (Hrsg.): Frieden schaffen und sich verteidigen im Spätmittelalter. München 2012.

Agnes von Österreich, Johann II. von Bubenberg und die Friedensvermittlung von Königsfelden nach dem Laupenkrieg

Barbara Stüssi-Lauterburg

Mit dem klaren Sieg der Berner und ihrer Helfer am 21. Juni 1339 bei Laupen war der Konflikt zwischen Bern und Freiburg und der mit diesem verbündeten Adelskoalition keineswegs beigelegt; beide Seiten rechneten mit einem Andauern der Feindseligkeiten. Während Berns Rät und Burger mit ihrem Schultheissen Johann von Bubenberg übereinkamen, dass er ihnen mit seiner im Vorjahr erworbenen Feste Spiez «mit lüten und mitt guote so dar zuo hoerentt, sol beraten und beholffen sin wider unser vyende»,[1] regelte Freiburg mit Peter von Aarberg sein Truppenkommando für ein Jahr oder «so lange es dem Grafen und den Freiburgern gefällt».[2] Freiburg setzte vor allem auf Zermürbung und Diplomatie, indem es den Handel mit Bern abschnitt und bernische Verbündete auf seine Seite zog. Auf allen Seiten von Parteigängern der Koalition umgeben, fand sich Bern in der ungemütlichen Lage, Lebensmittel, die aus dem Hasli nach Bubenbergs Spiez gebracht wurden, mit bewaffnetem Geleite am kyburgischen Thun vorbei nach Bern transportieren zu müssen.

Als Bern im Frühling 1340 eine neue Offensive startete, sollte es in Freiburg anstelle von Peter von Aarberg Burkhard von Ellerbach richten. Nach seinem gescheiterten Versuch, die entblösste Stadt Bern im Handstreich zu nehmen, wurde die Aussichtslosigkeit weiterer militärischer Aktionen klar. Trotz militärischer Überlegenheit vermochte sich Bern indessen nicht aus der Umklammerung zu lösen. In der Stadt stiegen die Lebensmittelpreise. Jedermann war «hellig [überspannt] und müde von des strites wegen und von sorgen und angsten wegen, die si mengen tag vor dem strite gehept hatten», fasst Konrad Justinger die allgemeine Stimmung zusammen.[3]

Die Ereignisse trafen Freiburgs Schirmherrn, das Haus Habsburg, in einer schwierigen familiären Lage. Treten die Herzöge von Österreich in den Urkunden dieser Zeitspanne auch stets in der Mehrzahl auf, so darf dies nicht über die tatsächlichen Verhältnisse hinwegtäuschen: Nach dem Tod Ottos, des Verwalters der Oberen Lande und zweitletzten noch lebenden Sohns König Albrechts, im Frühjahr 1339 war Albrecht II., genannt der Lahme, das einzige männliche Familienmitglied im Erwachsenenalter. Weniger seine Krankheit als die Konsolidierung der östlichen Herrschaftsgebiete hielten ihn in Wien fest. Otto hinterliess zwei minderjährige Söhne. Vom 13-jährigen Friedrich berichtet Albrechts Kaplan Johannes von Viktring, er habe seines zarten Alters wegen nicht an der Laupener Schlacht teilgenommen.[4] Unter diesen Umständen kam der Tochter des Königs eine besondere Stellung zu: Agnes, der früh verwitweten Königin von Ungarn. Seit zwei Jahrzehnten hatte sie Wohnsitz in Königsfelden, dem zum

Gedächtnis für ihren 1308 ermordeten Vater gestifteten Kloster, ohne selber den Schleier genommen zu haben.

«sühn und richtung»

Die militärische Pattsituation und allgemeine Kriegsmüdigkeit bewogen Ellerbach und Bubenberg, am 29. Juli 1340 einen achttägigen Waffenstillstand zu schliessen und den Streit vor Königin Agnes zu bringen.[5]

Am 9. August 1340 wurden in Königsfelden geschlossen: eine *sühn und richtung* – ein Friedensvertrag – zwischen Bern und den Herzögen von Österreich mit deren Verbündeten und ein *friden* – ein Waffenstillstand – mit der Stadt Freiburg und deren Verbündeten.[6] Warum zwei in ihrem Wesen verschiedene Verträge geschlossen wurden, erklärt sich aus dem Personenkreis, der in den noch vollständig erhaltenen Siegeln augenfällig in Erscheinung tritt:

Den Vertrag zwischen Bern und Österreich siegeln Königin Agnes, die Grafen Eberhart von Kyburg, Peter von Aarberg und Hugo von Buchegg, die Stadt Bern und der Bischof von Basel; Hugo von Buchegg vertritt dabei die noch minderjährigen Grafen von Nidau, deren Vater bei Laupen gefallen war. Bern ist ohne Zweifel durch seinen Schultheissen Johann von Bubenberg vertreten. Als Zeugen wirken Burkhard von Ellerbach, Johann von Aarwangen und der Bischof von Konstanz.

Freiburg scheint keine Delegation nach Königsfelden entsandt zu haben: Der Waffenstillstand wird von Königin Agnes gesiegelt, mit Burkhard von Ellerbach als Zeugen, nicht als Bevollmächtigtem Freiburgs. Über dessen «Schultheiss Rät und Burger» kann sich Österreich nicht hinwegsetzen. So verfügt Agnes eine Waffenruhe, die zu weiteren Verhandlungen und Beratungen genutzt werden soll. Manches deutet nämlich darauf hin, dass diplomatische Kontakte zwischen Bern und Freiburg stattgefunden hatten beziehungsweise noch im Gange waren. So wird im Vertrag auf eine Vermittlung des Bischofs von Lausanne Bezug genommen. Und kaum zufällig hielten sich während Ellerbachs Kommando und über die Konferenz in Königsfelden hinaus in Freiburg drei savoyische Gesandte auf.[7]

Geografisch beschlägt der Waffenstillstand zwischen Bern und Freiburg im Wesentlichen die Regionen westlich der Sense, wo Bern im Streben um das kyburgische Erbe ebenso Rivalin der Herzöge von Österreich wie der Grafen von Savoyen ist. Gegenstand des Friedensvertrages sind hauptsächlich die Gebiete östlich der Sense, der Riegel vom Rhein über den Jura und das Seeland, der

Lebhaft besprechen die Kriegsräte unter Leitung von Schultheiss Johann von Bubenberg – teils schon in Harnisch oder Kettenhemd – die Kriegslage und das Vorgehen der Berner. Einer der Ritter hält das Schild der Bubenberg an seiner Seite. In der Stadt hat sich das Volk versammelt, um Beschlüsse zu vernehmen.
– *Diebold Schilling: Spiezer Chronik (um 1485/86), Burgerbibliothek Bern, Mss.h.h.I.16, S. 257.*

Waffenstillstandsvertrag vom 9. August 1340 mit Siegeln von Königin Agnes und Burkhard von Ellerbach. – *Staatsarchiv Bern*.

Freiburg von den habsburgischen Oberen Landen im Aargau trennt und in den sich vom Thunersee her die kyburgischen Herrschaften östlich der Aare schieben. Kyburg und Weissenburg heissen die Adelsgeschlechter, über die sich Österreich und Bern den beherrschenden Einfluss im Thunerseeraum und damit die Zugänge zum Simmen- und zum Kandertal, zur Landschaft Hasli und via Brünig zu den Waldstätten streitig machen.

Inhalt

Opfer und Schäden eines jeden Krieges rufen nach dem Streit dem fundamentalen Bedürfnis nach Wiedergutmachung. Ein Friedensvertrag hat darauf ebenso eine Antwort zu geben, wie er Regeln aufstellen muss für das künftige friedliche Zusammenleben. Beide Königsfelder Verträge erfüllen diese Erwartung, indem sie auf der elementaren menschlichen und sachlichen Ebene klare Verhältnisse schaffen: Die Gefangenen müssen gegen «ziemliche Kost», um die Kosten für die ihnen rechtens zustehende ordentliche Verpflegung,[8] freigelassen werden (gegenüber Freiburg gilt die Freilassung eingeschränkt nur gegen Bürgschaft und unter der Bedingung, dass sich die Gefangenen bei Ablauf oder Bruch des Waffenstillstands wieder zu stellen haben). Totschlag, Raub und andere Schäden sollen alle «gegen einanderen absin, schaden gegen schaden» wettgeschlagen werden, ohne dass Sonderansprüche geschützt werden.

Der Waffenstillstand mit Freiburg gilt vom Folgetag bis zum St. Michelstag. Bis zum 29. September 1340 hat sich die Saanestadt für den Frieden zu entscheiden oder für die Fortdauer des Waffenstillstands bis zum 15. August in fünf Jahren und danach mit einer Kündigungsfrist von einem Monat. Will Freiburg aber weder Frieden noch Waffenstillstand annehmen, so solle es dies Bern acht Tage vor Ablauf der Frist mit offenem Brief wissen lassen – das heisst mit einem nach Brauch sichtbar vorn an einer langen Stange getragenen Brief in aller Form den Krieg erklären.[9]

Freiburgs Verbündeten[10] wird einzeln dieselbe Wahlmöglichkeit eingeräumt: Rudolf von Neuenburg mit seinem Sohn Ludwig, Peter vom Turn (dessen Rechte im Kandertal bis in die Nachbarschaft von Spiez reichten)[11] sowie Johann von Wolkeswil[12]. Der Graf von Savoyen, Herr in der Waadt,[13] kann ausserdem wahlweise den bereits gefällten Spruch des Bischofs von Lausanne annehmen[14] oder die Sache vor Herzog Albrecht bringen, dessen Spruch er ebenfalls nicht akzeptieren muss.

Ein Herold überbringt Bern die Kriegserklärung des Grafen Gerhard von Valangin: ein an langer Stange getragener Brief. – *Diebold Schilling: Spiezer Chronik (um 1485/86), Burgerbibliothek Bern, Mss.h.h.I.16, S. 248.*

Während somit ausgerechnet zwischen Bern und Freiburg der Krieg noch nicht erledigt war, nahm das durch seinen Schultheissen vertretene Bern sogleich den Frieden an, der zu Folgendem verpflichtete:

Vor allem anderen wird Bern aufgefordert, den Kaiser anzuerkennen, wenn nötig unter Vermittlung von Herzog Albrecht. Hatte Bern den Krieg unter anderem als Kampf für die Kirche gegen den gebannten Ludwig von Bayern legitimiert, so verletzte es aus österreichischer Sicht mit seiner Weigerung, dem Kaiser zu huldigen, die Reichsordnung. Das Wiederherstellen dieser Ordnung erscheint hier als conditio sine qua non für die Verbindlichkeit der Verträge und Bündnisse.

Peter von Aarberg, der Bischof von Basel und die jungen Nidauer werden pauschal ganz mit eingeschlossen, dagegen sind die Bestimmungen, die die Schlüsselfiguren am Thunersee betreffen, wesentlich detaillierter: Nach dem Mord an seinem Bruder Hartmann hatte sich Eberhart von Kyburg bei Bern in Lehensabhängigkeit begeben müssen, kämpfte bei Laupen jedoch erneut aufseiten der Koalition. In Königsfelden suchte er offenbar hartnäckig, sich der Lehensabhängigkeit von Bern wieder zu entledigen.[15] Dass die Verhandlungen mit ihm zäh waren, ohne dass der Streit erledigt werden konnte, lässt die Formulierung vermuten: der Streit um Thun soll für fünf Jahre ruhen, aber während der ersten beiden Jahre: «sollen sie [Eberhart und Bern] beidseits versuchen, dass sie ihre Streite freundlich und gütlich beilegen mögen.» Im Falle eines Scheiterns müsse die Sache vor ein Schiedsgericht gebracht und nach dem Recht entschieden werden.

Im Weiteren verlangt Österreich die Freilassung seines Dieners, Johann von Weissenburg des Älteren, aus bernischer Schutzhaft. Angesichts der finanziellen Notlage der Weissenburger hatte Bern deren Schulden gegenüber Freiburg übernommen, sie ins Burgrecht gezogen und auf diese Weise in Abhängigkeit gebracht. Dafür hatte es Wimmis, Unterseen und Unspunnen sowie die Pfandschaft über die Landschaft Hasli[16] erhalten. Während Bern bei Laupen auf die pflichtschuldige Gefolgschaft der jungen Weissenburger zählen konnte, musste es in deren Onkel ein Sicherheitsrisiko fürchten, denn noch war er österreichischer Lehensträger.

Die Weissenburger sind ein Musterbeispiel dafür, wie Bern seine ökonomischen Mittel gezielt einsetzte, um feudale Bindungen auf dem Lande zu lockern oder vielmehr in seinem Sinne zu verändern, im Bestreben, die Zahl seiner steuer- und wehrpflichtigen Burger zu vermehren und schliesslich die Hand auf ganze Herrschaften zu legen. Auf diese Praxis zielt die Vertragsbestimmung, dass Bern weder Lehens- noch Vogtleute, noch Eigene der Herren von Österreich, Kyburg, Nidau und Aarberg oder ihrer Diener ins Burgerrecht aufnehmen darf.[17] Das Verbot bleibt freilich auf Lebzeiten der erwähnten Herren, für die Kyburger auch noch zu Lebzeiten von Eberharts Sohn Hartmann, begrenzt. Mochte Bern dadurch für den Moment an einem empfindlichen Nerv getroffen sein, längerfristig liess es sich keineswegs existenziell einschränken, sondern setzte im Gegenteil in Zukunft diese Ausburgerpraxis sehr wirksam als Mittel seiner Territorialpolitik ein.[18]

Der Königsfelder Vermittlungsprozess lässt vieles unerledigt, noch offene oder latente Konflikte werden vielmehr auf den Verfahrensweg der Schiedsgerichtsbarkeit verwiesen. Dies ist für Bern von besonderer Bedeutung, denn in diese zukünftigen Schiedsgerichte wird der Schultheiss von Bern explizit eingebunden: Zwischen Bern und Eberhart von Kyburg soll er, zusammen mit dem Schultheissen von Burgdorf, für Thun betreffende Fälle mit dem Schultheissen von Thun richten; zwischen Bern und Peter von Aarberg gemeinsam mit dem Schultheissen von Aarberg und zwischen Bern und den Grafen von Nidau mit dem Amtmann von Nidau. Schliesslich sollen die Fälle während der nächsten fünf Jahre vierteljährlich, jeweils am Sonntag nach Fronfasten, in Zofingen dem österreichischen Landvogt und dem Berner Schultheissen zur gemeinsamen billigen Entscheidung vorgelegt werden.

Parteien und Vermittler

Alle in den Vertrag eingeschlossenen Parteien werden namentlich genannt, ausser Johann von Bubenberg, der ausnahmslos in seiner Funktion als Schultheiss von Bern erscheint. In dieser Differenzierung spiegelt sich zum einen die Personengebundenheit der feudalen Herrschaftsform im Unterschied zur kommunalkorporativ verfassten Stadt, zugleich macht sie deutlich, dass der Friede durch die Bereinigung der Verhältnisse zwischen Bern einerseits und mehreren verschiedenen Rechtsträgern andererseits einzeln herbeigeführt werden muss. Der Friede ist ausgesprochen personalisiert und beruht – da es ein verschriftlichtes allgemeines Rechtssystem nicht gibt – hauptsächlich auf dem durch die Vermittlung herbeigeführten, vertraglich vereinbarten Willen aller Kontrahenten.[19]

Verhandlungsgeschick, persönliche Glaubwürdigkeit, Stellung und Autorität der Vermittler sind für das Ergebnis der Vermittlung entscheidend, aber auch die Dynamik der persönlichen Beziehungen der Anwesenden untereinander sowie das Verhältnis zur gegnerischen Partei. Der Versuch sei darum unternommen, dem in Königsfelden versammelten Kreis der «herren, ritter und chnechte und anderr»,[20] in dem sich auch Johann von Bubenberg bewegte, etwas Konturen zu geben:

Der Bischof von Basel,[21] Johann Senn von Münsingen, ein Jurist, ging als einer der bedeutenden Kirchenmänner des Bistums in die Annalen ein. Seiner Besonnenheit und Friedfertigkeit wird die kirchliche und weltliche Neuordnung der Diözese nach heftigen Nachfolgestreiten zugeschrieben. In Königsfelden trat er im eigenen Recht auf, gleichzeitig war er jedoch Lehensherr der beiden unmündigen Grafen von Nidau, der Söhne des bei Laupen gefallenen Rudolf von Nidau, die in Königsfelden durch Graf Hugo von Buchegg[22] vertreten wurden. Der Buchegger diente längere Zeit als Gesandter des päpstlichen Hofes in Avignon. Vor allem aber war er kriegserprobt. Schon unter König Albrecht hatte er gekämpft, später verlieh ihm König Heinrich für seine Dienste das Schultheissenamt von Solothurn, Hugo begab sich dann aber in den Dienst des Königs von Neapel. Für die Zeit seiner Landesabwesenheiten stellte er seine Burgen Buchegg, Balmegg und Signau als offene Häuser der Stadt Bern zur Verfügung und stand auch in deren Burgrecht. Augenscheinlich unterhielt er sowohl zu Bern wie zu den Habsburgern gute Beziehungen.

Die Zeugen, die wir dem Kreis der Vermittler um die Königin zurechnen, waren ebenso erprobte Kriegsmänner wie erfahrene Diplomaten, insbesondere aber Vertrauensmänner Österreichs. Burkhard von Ellerbach, Landvogt in Schwaben, im Elsass und im Aargau, hatte unter König Albrecht auf die Seite Habsburgs gewechselt.[23] Johann von Aarwangen, Landvogt im Schwarzwald, hatte am Morgarten gefochten und 1333 den Landfrieden von Baden mit verhandelt.[24] Der Bischof von Konstanz, Nikolaus von Frauenfeld, ist vermutlich mit dem Kaplan von Windisch identisch, der der Königinwitwe Elisabeth das Land für das Kloster Königsfelden abgetreten hatte. Als Sohn des Hofmeisters der österreichischen Herzöge war er ein alter Vertrauter der Familie.[25] Er stand in habsburgischem Dienst als Gesandter am päpstlichen Hof, danach als Hauptmann im Elsass und Sundgau.[26] Nachdem er 1336 am Krieg gegen den Luzerner Bund beteiligt gewesen war, finden wir ihn beim folgenden Friedensschluss gemeinsam mit Johann von Bubenberg als Schiedsmann.[27]

Erstaunlich eng sind die verwandtschaftlichen Beziehungen: Hugo von Buchegg war sowohl Onkel von Johann Senn von Münsingen als auch Cousin von Ritter Johann von Bubenberg.[28] Verheiratet war er mit Margarethe von Neuenburg, der Witwe des von seinem Bruder Eberhart ermordeten Hartmann von Kyburg. An diesen hatte Hugos Vater seinerzeit auf habsburgischen Druck die

Landgrafschaft Burgund abtreten müssen. Hugo wurde also, wenige Jahre vor Laupen, Schwager seiner mit Eberhart von Kyburg verheirateten Nichte Anastasia von Signau. Verwandtschaftliche Beziehungen bestehen ebenfalls zu Johann von Aarwangen, der mit Verena Senn von Münsingen verheiratet ist. Und nicht zu vergessen: Agnes von Ungarn, geborene Österreich, teilte ihren Ururgrossvater mit Eberhart von Kyburg und gehörte so ebenfalls zur weiteren Verwandtschaft.

Wenigstens sechs der neun Personen, Johann von Bubenberg mit eingeschlossen, waren also miteinander blutsverwandt, verschwägert oder beides. Wie weit dies auch für Peter von Aarberg galt, sei dahingestellt; jedenfalls war er durch seine Burgerrechte in Bern und in Freiburg prinzipiell beiden Seiten verpflichtet. Ohne diese genealogischen Verästelungen noch weiter zu verfolgen, darf von einem recht engen Personenkreis ausgegangen werden. Die Teilnehmer waren gewissermassen unter sich, sie waren verwandt oder kannten sich mindestens; sie waren je nach Konstellation Diener zweier oder mehrerer Herren, die wiederum mit der Gegenseite in einer Beziehung standen, ja vielleicht vormals Bundesgenossen gewesen waren. Aus diesen Beziehungen ergaben sich vielfältige mögliche Erb- und Rechtsansprüche, die sich überlappen und so den Keim für Konflikte in sich tragen konnten. Unter der Oberfläche des Konfliktes zwischen Bern und Freiburg, respektive zwischen Bern und Österreich-Kyburg, wirkten Kräfte mit einer eigenen Dynamik. Auf dieser Ebene musste die Konfliktbewältigung geschehen.

Die Trennlinien dieses Beziehungs- und Interessengeflechts verliefen keineswegs scharf, was den Druck, sich zu verständigen, erhöhen konnte. Verwandtschaft und Verpflichtung zur Treue liessen kaum Überparteilichkeit zu, trugen eventuell aber zu jenem Mass an Vertrauen bei, das einer Verhandlung und Verständigung überhaupt eine Chance gibt.[29] In diesem Spannungsfeld bewegte sich Johann von Bubenberg als Schultheiss von Bern wie auch als Herr von Spiez. Genau jene Konfliktherde, die ihn als Herrn von Spiez ganz direkt betrafen, sind denn auch explizit Gegenstand des Friedens zwischen Bern und den Herzögen von Österreich.

Die Vermittlung

Die ungarische Königin handelte als Statthalterin ihres 20 Jahre jüngeren, mittlerweile einzigen Bruders. Königin ohne Königreich, war sie doch ranghöchste Person. Ansehen und Glaubwürdigkeit der Vermittlerin waren für die Akzeptanz

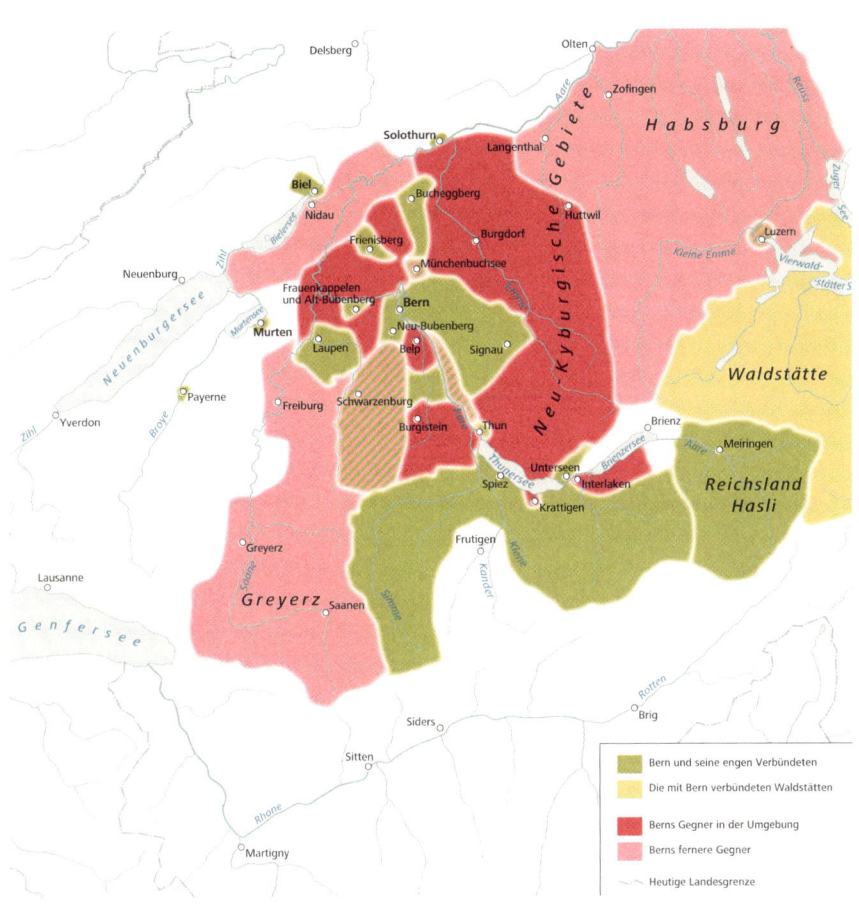

Bern zur Zeit des Laupenkrieges um 1339. Vermischte Loyalitäten – Lehensverhältnisse und familiäre Verbindungen – führten dazu, dass mehrere Parteien bei den Friedensverhandlungen sowohl gegenüber Bern als auch gegenüber Freiburg und Habsburg verpflichtet waren. – *Karte: Kohli Kartografie Bern.*

des Ergebnisses ausschlaggebend, das Vertrauen in ihre Person für den Erfolg Voraussetzung.[30] Schon nach dem Gümmenenkrieg (1331–1333) hatte die Habsburgerin Bern mit Freiburg versöhnt. Das folgende ausgedehnte Landfriedensbündnis, dem neben Österreich unter anderen Bern, Freiburg, Kyburg und Nidau angehörten, war freilich nicht von Dauer. Umso energischer schien sich Agnes erneut um den Frieden zu bemühen.

Dabei kam auch dem Tagungsort eine Bedeutung zu, dem «genius loci koenigsfeldensis», dem Ort, wo Agnes' Vater durch die Hand seines Neffen gefallen war. Die Erinnerung an diese Bluttat und die Anwesenheit des Brudermörders Eberhart von Kyburg mochten der versammelten Gesellschaft eine Mahnung sein, wie unerfüllte Erwartungen in tödliche Gewalt selbst unter nächsten Verwandten umschlagen konnten.

Mit den elf Bildfenstern im Chor der Kirche, die zu eben dieser Zeit ihrer Vollendung entgegengingen,[31] setzte das Haus Habsburg ein glanzvolles Zeichen seines Selbstverständnisses. Habsburgische Selbstdarstellung[32] und franziskanisches Gedankengut sind mit allgemein christlichen Wertvorstellungen im Bildprogramm verwoben. Der Berner Leutpriester Diebold Baselwind, der mit der Monstranz dem Berner Heer voran zur Schlacht bei Laupen schritt, hat hier sein Pendant in der heiligen Klara, die mit dem Allerheiligsten in den Händen vor dem offenen Stadttor im Angesicht des Feindes den Schutz des Allmächtigen für Assisi erflehte.

Der antistaufisch gesinnte Franziskanerorden genoss den Schutz der Habsburger schon vor deren Aufstieg zur Königswürde.[33] Die nicht an ein Kloster gebundenen, gebildeten und sprachgewandten Minderbrüder empfahlen sich für diplomatische Aufgaben, wie etwa Heinrich von Isny im Dienste von Agnes' Grossvater König Rudolf;[34] Niederlassungen des Ordens wurden gerne für Schlichtungsverhandlungen genutzt. Dass die Königsfelder Franziskaner wie ihr Ordensgründer in Assisi[35] aktiv auf die Verhandlungen Einfluss genommen hätten, lässt sich nicht nachweisen. Indessen darf angenommen werden, dass die Dynamik, mit der der Orden für den Friedensgedanken eintrat, nicht ohne Wirkung auf Agnes geblieben war. Seit ihrer Jugend stand ihr ein Franziskaner als Beichtvater zur Seite, und ihre Affinität zu den Minderbrüdern trug sie äusserlich zur Schau durch das raue Gewand der Klarissen.[36] Ein Leben in der Nachfolge Christi verbunden mit aktiver Hinwendung zur Welt stand durchaus mit dem eigenen fürstlichen Selbstverständnis in Einklang.[37]

Die franziskanische Regel «Welches Haus sie auch betreten, sollen sie zuerst sagen: ‹Friede diesem Hause›»(Lk 10,5)[38] findet ihre Parallele in der Öster-

Königin Agnes mit dem Modell der Klosterkirche Königsfelden.
– *Wien, Österreichische Nationalbibliothek, Cod. 8514*, fol. 234r.*

Nächste Seite: Die heilige Klara betet vor dem offenen Stadttor für die Rettung
der Stadt Assisi. – *Kloster Königsfelden, Denkmalpflege Aargau.*

reichischen Chronik von den 95 Herrschaften, die Agnes mit den Worten charakterisiert: «Si het lieb die ainichait des frides. Darumb flaizz si sich die herezen der herren, ritter und chnechte und anderr zu dem weg des frides ze füren, wann si was in grossen eren gehalten, darumb daz si was erfüllet mit götleicher weishait.»[39]

Der Erfolg der Vermittlung bestand zuerst und wesentlich darin, dass überhaupt eine «recht luter sühn und berichtung» zustande kam im Bestreben, altes Recht wieder herzustellen und dieses in der Reichsordnung und in der christlichen Weltordnung zu verankern. Im Ausdruck selber kommt das Archaische der Friedensstiftung zum Ausdruck: Die Beteiligten unmittelbar miteinander aussöhnen und die Sache ins Lot bringen. Bedingungslos auf Schadensforderungen und auf Fehde zu verzichten und vom gewaltsamen Einfordern des Rechts Abstand zu nehmen, galt für die Herren von Weissenburg ebenso wie für die Söhne des bei Laupen gefallenen Grafen von Nidau.

Ihrem Wesen nach war das Ziel der Vermittlung nicht, die Konflikte endgültig beizulegen, sondern sie zu entflechten und einzelnen Schiedsgerichten zur abschliessenden Entscheidung zuzuweisen. Von besonderer Bedeutung war dabei, dass der Schultheiss von Bern in diese Schiedsgerichte eingebunden wurde und sich seiner Stadt dadurch wichtige Einflussmöglichkeiten eröffneten.

Wirkung

Am 13. Oktober 1340 ratifizierte Herzog Albrecht den Frieden vom 9. August, und drei Tage später belehnte er Bubenberg mit Spiez.[40] Auf der personalen Ebene war damit eine Annäherung Österreichs und Berns vorbereitet, die Ende 1341 in ein danach wiederholt erneuertes Bündnis mündete.[41] Zwei Jahre nach Laupen erneuerten Bern und Freiburg zunächst ihren Bund von 1271 und wandelten eine Woche später den Königsfelder Waffenstillstand ebenfalls in einen Frieden analog zu jenem zwischen Bern und Österreich um. Die Hochzeit Bubenbergs mit einer Tochter des bei Laupen gefallenen Freiburger Schultheissen Maggenberg erscheint dabei in besonderem Licht.[42] Auf der anderen Seite erneuerte Bern zur selben Zeit sein auf 1323 zurückgehendes Bündnis mit den Waldstätten, die sich an seiner Seite bei Laupen bewährt hatten. Umso weniger kam daher in Frage, die Rechte auf dem Weg zum Brünig aufzugeben: Eberhart von Kyburgs Plan, sich der Berner Herrschaft zu entledigen, scheiterte denn auch gründlich.

Noch war nicht eindeutig, in welche Richtung sich das Verhältnis zu Habsburg-Österreich entwickeln würde. Die Königsfelder Friedensordnung bildete jedenfalls den Auftakt zu Berns ausgedehnter Bündnispolitik der folgenden Jahrzehnte. Mit den Friedensschlüssen von Königsfelden, die der Schultheiss des bei Laupen siegreichen Bern auf Augenhöhe mit der ungarischen Königin verhandelte, beginnt sich die Entwicklung Berns zum Territorialstaat abzuzeichnen. Bezeichnenderweise wird Bern die Vertragsklausel, die Huldigung des Kaisers betreffend, nie erfüllen.

Ritter Johann von Bubenberg bewegte sich noch selbstverständlich in der hergebrachten feudalen Ordnung. In schwierigen Zeiten sicherte er als Herr von Spiez der Stadt die Versorgung mit Lebensmitteln. Der Schultheiss Bubenberg öffnete Bern den Weg in die Zukunft.

Anmerkungen

[1] Fontes Rerum Bernensium, Berns Geschichtsquellen, Bern 1853ff, 6, Nr. 512, 494; Feller, Richard: Geschichte Berns 1, Von den Anfängen bis 1516. Bern 1946, 140.

[2] Fontes 6, Nr. 506, 489f.

[3] Die Berner-Chronik des Conrad Justinger nebst vier Beilagen, hrsg. von Gottlieb Studer. Bern 1871, Nr. 138, 96.

[4] Johannes von Viktring: Liber Certarum Historiarum. MGH Script. Rer. Germ., Hannover 1909, 2, 186 und 217.

[5] Fontes 6, Nr. 550, 533.

[6] Fontes 6, Nr. 551, 533 und Nr. 552, 536; zum Sprachgebrauch: Fisch, Jörg: Krieg und Frieden im Friedensvertrag. Eine universalgeschichtliche Studie über Grundlagen und Formelemente des Friedensschlusses, Stuttgart 1979, 419.

[7] Mermet Curvillat, Mermet de Albignon und Chasseynat. S. Van Berchem V.: Le rôle du comte Aimon de Savoie dans la guerre de Laupen, d'après les comptes du bailli de Chablais. In: Anzeiger für schweizerische Geschichte. Neue Folge 1895, 2, 185; Moser Franz: Der Laupenkrieg 1339. Festschrift zur 600 Jahrfeier 1939. Bern (1939), 113.

[8] Schwabenspiegel, Langform. Hrsg. Karl August Eckhardt. Aalen 1974, 190.

[9] Siehe Abbildung S. 16.

[10] Sie werden im Vertrag vom 9.8.1339 nicht namentlich genannt, lassen sich aber aus der Antwort vom 28.9.1340 erschliessen. Fontes 6, Nr. 556, 542.

[11] Peter V. http://www.hls-dhs-dss.ch/textes/d/D19784.php (10.8.2011).

[12] Wahrscheinlich ein kyburgischer Dienstmann. Die Herren von Volketswil sind im Jahrzeitbuch Uster erwähnt, urkundlich sonst nicht nachgewiesen. HBLS VII, Eintrag «Volketswil».

[13] Sein einziger Sohn Johann hatte noch während der Belagerung von Laupen zu vermitteln versucht, scheiterte aber und fiel in der Schlacht gegen Bern. Feller 135 und 139, Justinger Nr. 134, 81/82 und 91.

14 Der Bischof von Lausanne, Jean de Rossillon, stand unter dem Schutz von Ludwig von Savoyen.1340 wurde er von diesem als Testamentsvollstrecker eingesetzt. Schmitt, Martin: Mémoires historiques sur le Diocèse de Lausanne. Hrsg. J. Gremaud. Fribourg 1858–1859, vol. 2, 96.

15 Conflictus Laupensis, in: Studer, G. (Hrsg.): Die Berner-Chronik des Conrad Justinger, Bern 1871, 303.

16 Kurz, Gottlieb; Lerch, Christian: Geschichte der Landschaft Hasli, bearbeitet von Andreas Würgler. Meiringen 1979, 69.

17 Jahr und Tag gilt zwar. Aber es müssen dafür nur vier Zeugen beigebracht werden, statt wie gemäss der Berner Handfeste sieben.

18 Frey, Beat: Ausburger und Udel namentlich im Gebiete des alten Bern. Bern 1950, 48–50; Gerber, Roland: Gott ist Burger zu Bern. Weimar 2001 (Forschungen zur mittelalterlichen Geschichte 39), 144.

19 Angermeier, Heinz: Königtum und Landfriede im deutschen Spätmittelalter. München 1966, 18–20.

20 Oesterreichische Chronik von den 95 Herrschaften (Hrsg. Joseph Seemüller), MGH Deutsche Chroniken 6. München 1980, 191.

21 Innocenti, Marco: www.bautz.de/bbkl Biographisch-Bibliographisches Kirchenlexikon XVII (2000), 698–703 (19.5.2011); Türler, Henri: Jean Senn de Munsingen, Evêque de Bâle et sa famille, Extrait des Actes de la Société Jurassienne d'Emulation, 1910–1911, 1–22; Helvetia Sacra, I/1, 187f.

22 Die Grafen von Buchegg. In: Jurablätter 35 (1973), 57–73.

23 Matzke, Josef: Zur Genealogie der Herren von Ellerbach. In: Das Obere Schwaben vom Illertal zum Mindeltal. Folge 2, März 1956, 127–150; Krones, Franz von: Ellerbach. In: Allgemeine Deutsche Biographie, www.deutsche-biographie.de/pnd139763740.html?anchor=adb (13.11.2011); Primisser, Alois (Hrsg.): Peter Suchenwirt's Werke aus dem vierzehnten Jahrhunderte. Wien 1827, 23–27 und 219.

24 «Aarwangen (Ritter von)». In: HBLS I. Neuenburg 1921, 40f.

25 Helvetia Sacra I/2, 301–305; Degler-Spengler, Brigitte: Nikolaus von Frauenfeld. In: Neue Deutsche Biographie 19 (1998), 266f; www.deutsche-biographie.de/pnd138244677.html (13.11.2011).

26 Die Chronik Johanns von Winterthur. MGH Script. Rer. Germ. Nova series. München 1982, 129.

27 12. und 16.5.1336, 18.6.1336. Amtliche Sammlung der ältern Eidgenössischen Abschiede. Hrsg. Jacob Kaiser, Luzern 1874. Nr. 58 und 59, 19f.

28 Via die Mutter Elisabeth resp. die Tante Johanna von Buchegg. Helvetia Sacra I/1, 187. Braun, Hans: Heiratspolitik. In: Schwinges, Rainer C. (Hrsg.): Berns mutige Zeit. Bern 2003, 520.

29 Kamp, Hermann: Friedensstifter und Vermittler im Mittelalter, Darmstadt 2001,163ff; Althoff, Gerd: Spielregeln der Politik im Mittelalter. Kommunikation in Frieden und Fehde. Darmstadt 1997, 186; ders. (Hrsg.): Frieden stiften. Vermittlung und Konfliktlösung vom Mittelalter bis heute. Darmstadt 2011, 11.

30 Zur Rolle Agnes' als Schiedsrichterin und Friedensstifterin s. Usteri, Emil: Das öffentlich-rechtliche Schiedsgericht in der Schweizerischen Eidgenossenschaft des 13.–15. Jahrhunderts, Zürich-Leipzig 1925, 200–204.

31 Zur Datierung: Kurmann-Schwarz, Brigitte: Die mittelalterlichen Glasmalereien der ehemaligen Klosterkirche Königsfelden. Bern 2008, 157f.

32 Moddelmog, Claudia: Stiftung als gute Herrschaft. Die Habsburger in Königsfelden.

In: Die Habsburger zwischen Aare und Bodensee (Mitteilungen der Antiquarischen Gesellschaft Zürich 77). Zürich 2010, 209–221.

33 Johannes von Winterthur, selber ein Minderbruder, rückt Rudolf in die Nähe des Ordens: «Vir erat strennuus et sapiens, de confessione fratrum Minorum». Chronik Johanns von Winterthur (wie Anm. 26), 25.

34 Jurot, Romain: Isny, Heinrich von. In: e-HLS, http://www.hls-dhs-dss.ch/textes/d/D12710.php (Version vom 23.2.2012); Averkorn, Raphaela: Landesherren und Mendikanten in den burgundischen Territorien vom 13. bis zum 15. Jahrhundert. In: Berg, Dieter: Könige, Landesherren und Bettelorden. Saxonia Franciscana 10. Werl 1998, 252 und 275f.; Schweizer, Christian: Franziskanische Ordenslandschaften und landesherrliche Räume im Gebiet der heutigen Schweiz… In: Berg, Könige, 316; Krieger, Karl-Friedrich: Rudolf von Habsburg. Darmstadt 2003, 179.

35 Berg, Dieter: Gesellschaftspolitische Implikationen der Vita Minorum, insbesondere des franziskanischen Friedensgedankens, im 13. Jahrhundert. In: Armut und Geschichte. Studien zur Geschichte der Bettelorden im Hohen und Späten Mittelalter (Saxonia Franciscana 11), Kevelaer 2001, 28 und 31; Beispiel Arezzo bei Clasen, Sophronius: Franziskus … sein Leben nach den Schriften des heiligen Bonaventura. Werl 1962, 305f.

36 Zu Agnes allgemein: Nevsimal, Alfred: Königin Agnes von Ungarn. Leben und Stellung in der habsburgischen Politik ihrer Zeit. Wien 1951.

37 Hugh, Lawrence Clifford: The Friars. The Impact of the early Mendicant Movement on western Society. London 1994, 166.

38 http://www.franziskaner.de/Bullierte-Regel.19.0.html (15.5.2011).

39 Oesterreichische Chronik von den 95 Herrschaften, 191.

40 Fontes 6, Nr. 559 und 560, 545.

41 Zum Folgenden generell: Zahnd, Urs Martin: Berns Bündnis und Territorialpolitik in der Mitte des 14. Jahrhunderts. In: BZGH 53, (1991), 23–29. Ders. In: Schwinges, Berns mutige Zeit (wie Anm. 28), 485.

42 Nicola, Tochter von Johann I. von Maggenberg. Büchi, Albert: Die Ritter von Maggenberg. In: Freiburger Geschichtsblätter. XV. Jahrgang. Freiburg 1908, 108 und Stammtafel 120.

Heinrich IV. von Bubenberg und der Friedensschluss nach dem Alten Zürichkrieg
Urs Martin Zahnd

Am 13. Juli 1450 eröffnete Heinrich von Bubenberg, Ritter und dazumal Schultheiss von Bern, den in Einsiedeln versammelten Boten der eidgenössischen Orte seinen Obmannspruch im Streit zwischen Luzern, Uri, Schwyz (samt Glarus), Unterwalden sowie Zug einerseits und der Stadt Zürich andererseits. Nach eingehender Prüfung der beiderseitigen Partei-Standpunkte erklärte er, dass die Position der fünf Orte «die besser und die gerechter urteil sye […] und verfolgen ouch der gentzlich mit allen worten, puncten und artickeln, als die durch sy im rechten gesprochen und von wort ze wort hie vor geschriben und begriffen stätt».[1]

Damit war die letzte offene Frage im Konflikt zwischen der Limmatstadt und den übrigen Orten entschieden: Zürich musste sein Bündnis mit Österreich aufgeben.[2] Wenige Tage später, am 24. August 1450, beschworen Zürich und die übrigen eidgenössischen Orte auf dem Brüel neben dem Kloster Einsiedeln die alten Bundesbriefe.[3] Heinrich von Bubenbergs Obmannspruch setzte – zusammen mit dem Frieden von Breisach zwischen Herzog Sigmund von Österreich und Basel vom 24. Juni 1449 und dem am 24. Juni 1450 in Kaiserstuhl vereinbarten dreijährigen Waffenstillstand zwischen Sigmund und den eidgenössischen Orten[4] – dem langjährigen Konflikt, der unter dem Namen «Alter Zürichkrieg» in die Geschichte eingegangen ist, ein Ende.[5] Zwar ruhten die direkten Kriegshandlungen zwischen den eidgenössischen Orten, Zürich und Österreich bereits seit der Übereinkunft von Konstanz, die im Sommer 1446 auf Initiative des Kurfürsten Pfalzgraf Ludwig IV. zustande kam;[6] für die direkt betroffenen Menschen und ihre Obrigkeiten brachte aber erst der Obmannspruch von 1450 den formellen Abschluss des Friedensprozesses.

Erstaunlicherweise fanden die Ereignisse vom Juli 1450 in Einsiedeln in der zeitgenössischen Chronistik jener Orte, die sich mit diesem Frieden weitgehend durchgesetzt hatten, kaum einen Niederschlag. Hans Fründ, der Schwyzer Landschreiber, beendet seine Chronik über den Alten Zürichkrieg bereits mit dem Jahr 1446 (Konstanzer Friede).[7] Der Berner Ratsherr Bendicht Tschachtlan, der in seiner Darstellung der Jahre 1436 bis 1446 weitgehend Hans Fründ folgt, erwähnt zwar mehrmals den nachmaligen Obmann Heinrich von Bubenberg;[8] das für Bern durchaus ehrenvolle Urteil von Einsiedeln deutet er aber nur beiläufig an.[9] Deutlich vermerkt worden ist der Schiedsspruch allerdings von den Zürchern. In der zweiten Fortsetzung der Zürcher Stadtchronik wird Heinrich von Bubenbergs Urteil scharf kritisiert[10] – ein Kommentar, den es noch zu betrachten gilt. Auch in der neueren Literatur wird der Obmannspruch Heinrichs von Bubenberg meist nur beiläufig erwähnt oder gar ganz unterschlagen;[11] eingehend mit dem Urteil von Einsiedeln haben sich bisher lediglich Hans Schneider und vor allem Bernhard Stettler befasst.[12]

In der herkömmlichen Geschichtsschreibung ist der Alte Zürichkrieg in erster Linie als eidgenössischer Bürgerkrieg, als gewaltsame Verhinderung eines Sezessionsversuches des Ortes Zürich, verstanden worden.[13] Diese Interpretation übersieht aber die Veränderungen im Charakter des eidgenössischen Bündnisgeflechtes in den 1430er- und 1440er-Jahren und die Komplexität der Konflikte, welche die eidgenössischen Orte zwischen 1436 und 1448 mit kriegerischen Mitteln zu lösen versucht haben. Dabei handelte es sich erstens um die Rivalität zwischen Zürich und Schwyz um die Vorherrschaft im Gebiet der Ostschweiz, insbesondere um die Kontrolle der zu den Bündner Pässen führenden Verkehrsadern im Gebiet des oberen Zürichsees. Diese Rivalität eskalierte nach dem Tode des kinderlosen Grafen Friedrich VII. von Toggenburg, als beide Orte Anspruch auf dessen Erbe erhoben.[14] Ein zweiter Streit drohte zwischen dem Haus Österreich und den eidgenössischen Orten: Da mit Albrecht II. (1438/39) und Friedrich III. (1440–1493) erneut Habsburger auf den deutschen Thron gelangten, wurde deren Restitutionspolitik im Hinblick auf die an die eidgenössischen Orte nach 1386 und 1415 verlorenen Güter zunehmend bedrohlich, weil Habsburg nicht nur mit einem der eidgenössischen Orte, mit Zürich, ein Bündnis schloss, sondern zudem bemüht war, zur Erreichung seiner Ziele auch mit den westlichen Nachbarn der Eidgenossen (Burgund, Frankreich) Militärbündnisse einzugehen.[15] Eine dritte Gruppe von Konflikten ergab sich aus der Expansionspolitik einzelner Orte; dazu zählten etwa die Vorstösse der Urner über den Gotthard und vor allem die Kriegszüge der Berner an den Rhein oberhalb Basels und gegen Freiburg. Und schliesslich darf viertens nicht übersehen werden, dass gleichzeitig mit dem Alten Zürichkrieg die Auseinandersetzungen zwischen Städten und Fürsten im süddeutschen Raum ihrem Höhepunkt zustrebten (Städtekrieg 1449/50). Einzelne dieser Konfliktfelder waren zwar zeitweise nur locker mit der Auseinandersetzung zwischen Zürich und seinen Verbündeten einerseits, Schwyz und seinen Anhängern andererseits verknüpft; angesichts der beschränkten finanziellen und militärischen Mittel der einzelnen Orte, der drohenden Unruhen im eigenen Herrschaftsgebiet und der gleichzeitig erforderlichen weitgespannten Diplomatie erweist sich der Alte Zürichkrieg aber im Rückblick als höchst komplexes Geflecht unterschiedlichster Interessen und Auseinandersetzungen.[16]

Damit wird deutlich, mit welchen Fragen sich die nachfolgenden Ausführungen zu befassen haben: Weshalb wurde der abschliessende Schiedsspruch im Alten Zürichkrieg dem Stande Bern, dem bernischen Schultheissen übertragen? Wie war die bernische Politik gegenüber den eidgenössischen Orten, gegenüber dem Hause Habsburg, gegenüber den Verbündeten in der Westschweiz beschaffen? – eine Politik, welche die Bern-Wahrnehmung der Streitparteien naheliegenderweise bestimmt haben muss. Und schliesslich: Wie ist das Urteil Heinrichs von Bubenberg zu beurteilen, worin bestehen die bundesrechtlichen Konsequenzen seines Obmannsspruches?[17]

1. Berns Politik gegenüber den eidgenössischen Orten

In einem ersten Teil dieser Untersuchung gilt es, die Politik Berns im Alten Zürichkrieg etwas genauer zu beleuchten. Zweifellos sind die wichtigen Entscheide über das angemessene Verhalten und Vorgehen im Konflikt zwischen den verbündeten Orten und gegenüber den benachbarten Herrschaften im Berner Rathaus grundsätzlich vom Rat insgesamt (d.h. wohl meist vom Kleinen Rat) gefällt worden. Auffallend ist aber, dass zu den entscheidenden Verhandlungen mit einzelnen Orten, an die Tagsatzungen, zu verbündeten und verburgrechteten Städten und Dynasten und zu benachbarten Fürsten immer wieder dieselben Männer geschickt worden sind – zweifellos, weil ihnen das nötige diplomatische Geschick zugetraut worden ist, wahrscheinlich aber auch, weil sie führende Köpfe der jeweils vertretenen politischen Stossrichtung gewesen sind. Der Kreis dieser Männer ist in den Jahren 1436 bis 1450 erstaunlich klein; es handelt sich um Rudolf Hofmeister, Ulrich von Erlach, Rudolf von Ringoltingen und Heinrich von Bubenberg.

Führende Köpfe
Rudolf Hofmeister, Ritter, stand in den Jahren 1418 bis 1446 ununterbrochen als Schultheiss an der Spitze der Stadt Bern, bewährte sich erstmals als bernischer Diplomat in den Verhandlungen zur Beendigung des Walliserkrieges und diente dem Stadtstaat auch noch nach seinem Rücktritt vom Schultheissenamt mehrmals als Gesandter, so zum Beispiel 1446 auf der Friedenskonferenz in Konstanz oder im selben Jahr in Genf.[18] Ulrich von Erlach, Ritter, Spross einer ursprünglich im Dienste des Grafenhauses von Neuenburg stehenden, seit dem 14. Jahrhundert in Bern ansässigen Familie, wurde zwischen 1446 und 1456 viermal Schultheiss von Bern. Mit Sprache und Lebensweise des französischen

Kulturraumes vertraut, verhandelte er mehrfach mit Vertretern Savoyens und Frankreichs oder mit Friedrich III. und besuchte eidgenössische Tagsatzungen.[19] Rudolf von Ringoltingen entstammte einer Kaufmannsfamilie. Aufgrund seines standesbetonten Lebensstiles, einer notariellen Beglaubigung seiner angeblich adligen Herkunft und vor allem dank seiner unbestrittenen Fähigkeiten als Diplomat gelang es ihm, in den engen Kreis jener bernischen Ratsherren aufzusteigen, die den politischen Kurs der Aarestadt prägten; zwischen 1448 und 1455 wurde er dreimal zum Schultheissen gewählt.[20] Und schliesslich Heinrich IV. von Bubenberg: Der Sohn Heinzmanns von Bubenberg und dessen zweiter Gattin Beatrix von Ringgenberg, geboren nach 1400, um 1420 mündig, 1422 Mitglied des Rates, zählte zweifellos zu den wichtigsten Köpfen in der bernischen Führungsschicht der 1440er- und 1450er-Jahre. Von einem längeren Aufenthalt im Ausland um 1437/38 (Frankreich, Burgund?) kehrte er als Ritter zurück. Er verfügte über umfassende Sprachkenntnisse, wurde mit zahlreichen diplomatischen Aufträgen an fremde Höfe bedacht, kommandierte bernische Truppenkontingente, besuchte Tagsatzungen, amtierte als Schiedsrichter und vermittelte an Friedenskongressen. Sechsmal war er Schultheiss von Bern (1447/48, 1450/51, 1453/54, 1456/57, 1459/60, 1462/63); er starb 1464.[21]

Berns Parteinahme für Schwyz 1436–1440
Die Frage nach der Ausrichtung der bernischen Politik in den Jahren von 1436 bis 1450 ist bereits mehrfach untersucht, allerdings recht unterschiedlich beantwortet worden.[22] Fassen wir die Fakten kurz zusammen: Bereits im Spätsommer 1436 schaltete sich Bern in den sich abzeichnenden Streit zwischen Zürich und Schwyz um die Toggenburger Erbschaft ein und machte den (erfolglosen) Vorschlag, aus Teilen der Hinterlassenschaft des Grafen eine Gemeine Herrschaft der beiden Orte zu bilden.[23] Im Frühjahr 1437 amtierte Rudolf Hofmeister als Obmann in zwei Schiedsgerichten, welche die Rechtmässigkeit der Landrechte zwischen den Leuten des verstorbenen Grafen und Schwyz beurteilen sollten.[24] In denselben Wochen schlichtete Rudolf Hofmeister als Vorsitzender eines Schiedsgerichtes in Feldkirch die Erbstreitigkeiten zwischen den Seitenerben des Grafen.[25] Im November 1438 verlangten die unbeteiligten Orte auf Drängen Berns erneut Verhandlungen zwischen den Streitparteien, der Friedensvorschlag Zürichs wurde aber abgelehnt.[26] Nach dem ersten Scharmützel

Linke Seite: Heinrich von Bubenberg als Anführer der Berner Truppen im Gefecht am Galternbach vom 29. März 1448 gegen die Freiburger. – *Diebold Schilling: Spiezer Chronik (um 1485/86), Burgerbibliothek Bern, Mss.h.h.I.16, S. 772 [Ausschnitt].*

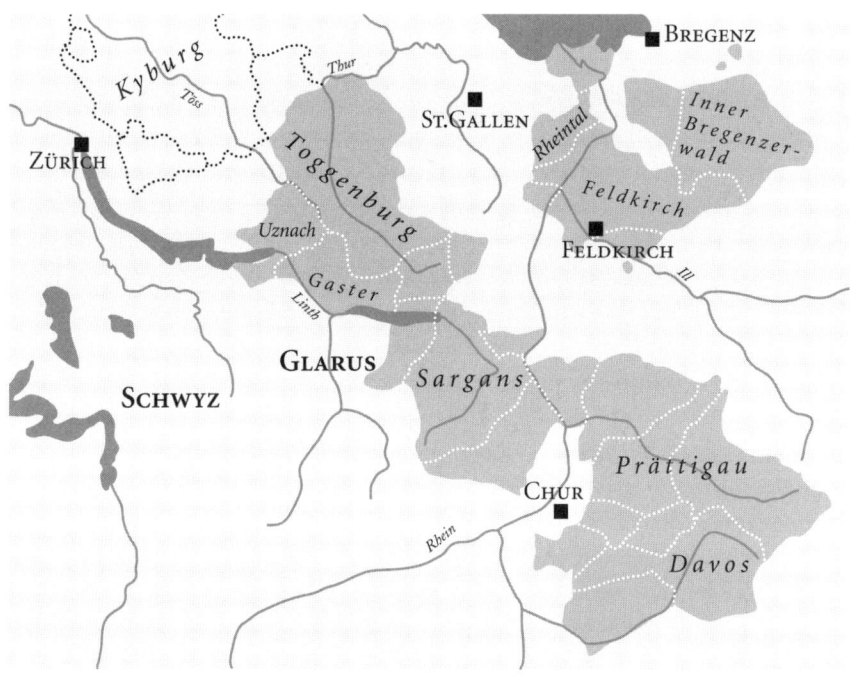

Der Herrschaftsbesitz des Grafen Friedrich VII. von Toggenburg, der am 30. April 1436 als Letzter seines Geschlechtes starb. – *Aus: Stettler (wie Anm. 3), S. 146.*

am Etzel vermittelten die unbeteiligten Orte und die Vertreter der Reichsstädte am 26. Mai 1439 in Baden einen Waffenstillstand; gesiegelt wurde er unter anderem von Heinrich von Bubenberg.[27] Nur zögernd liess sich Bern im Herbst 1440 auf der Seite von Schwyz in den Krieg einbinden.[28] Nach der Niederlage Zürichs bei Pfäffikon bemühten sich erneut schwäbische Reichsstädte und unter den eidgenössischen Orten insbesondere Bern darum, Friedensverhandlungen in die Wege zu leiten. Den Vorsitz bei den Gesprächen vom November 1440 in Kilchberg hatte Heinrich von Bubenberg inne; aus Bern nahmen zudem Ulrich von Erlach, Rudolf von Ringoltingen und Hans von Muleren teil.[29] Der Friedensvertrag, der am 1. Dezember 1440 in Luzern bestätigt worden ist, enthält neben den bereits erwähnten Bestimmungen auch die Auflage, Schwyz müsse das von ihm besetzte Freiamt und Grüningen an Bern übertragen, das die Gebiete danach an Zürich zurückgeben werde.[30]

Auf den ersten Blick scheinen Friedensliebe, beharrliche Bereitschaft zur Vermittlung und ernsthafte Sorge um den Bestand des eidgenössischen Bündnisgeflechtes die bernische Politik während der ersten Phase des Alten Zürichkrieges bestimmt zu haben, und ganz in diesem Sinne wird diese Politik auch von Hans Schneider dargestellt.[31] Dass die Vorstösse Berns nicht gar so uneigennützigen Absichten erwachsen sind, hat erstmals Richard Feller dargelegt und ist inzwischen vor allem von Bernhard Stettler detailliert aufgerollt worden. Sie haben gezeigt, dass Bern und Schwyz seit längerer Zeit ähnliche politische Ziele verfolgt und mehrfach eng zusammengearbeitet haben.[32] Auch in den Jahren 1436 bis 1440 unterstützte Bern – immer unter Wahrung der formellen Unparteilichkeit – die schwyzerische Politik: Die unter bernischer Leitung erreichte Aussöhnung der Toggenburger Seitenerben stärkte die Schwyzer Position; die Zeugen, die 1437 die mündliche Willensäusserung Friedrichs VII. von Toggenburg bestätigten und damit das Landrecht der ehemals toggenburgischen Untertanen mit Schwyz legitimierten, waren alle Bürger von Bern; 1437/38 wurde Schwyz von Bern bei der Finanzierung der Pfandschaft Sargans unterstützt (wahrscheinlich auch bei Uznach und Gaster); und nach Ausbruch des Krieges im November 1440 war es Bern, das mehrere Adlige aus dem Aargau und insbesondere das unschlüssige Luzern drängte, Zürich ebenfalls den Krieg zu erklären. Dass der Zürcher Rat der bernischen Unvoreingenommenheit bereits im Frühjahr 1439 nicht mehr traute, zeigt sich daran, dass er den Schwyzer Vorschlag, die offenen Streitfragen dem Schiedsspruch von Rudolf Hofmeister, Ulrich von Erlach und Rudolf von Ringoltingen zu unterstellen, mit scharfen Worten ablehnte.[33]

Bern unterstützt im November 1440 Schwyz mit Truppen. Ein Teil der Berner und der verbündeten Solothurner zieht über den Albis zu den Schwyzern, der andere über Mellingen in die Zürcher Landschaft. – *Bendicht Tschachtlan: Bilderchronik (um 1470), Zentralbibliothek Zürich, Ms. A 120, S. 699.*

Die anfänglich verdeckte, schliesslich offenkundige Parteinahme Berns für Schwyz lässt sich allerdings nicht nur mit der bewährten Zusammenarbeit zwischen Bern und Schwyz erklären; immerhin bestand seit 1423 auch zwischen Bern und Zürich ein direktes Bündnis.[34] Offensichtlich sahen die bernischen Politiker in der Stadt Zürich eine Rivalin, deren territoriales Ausgreifen es zu begrenzen galt, damit die Gewichte zwischen den Orten nicht zu Ungunsten Berns verschoben würden. So erklärte denn auch Rudolf von Ringoltingen am 5. November 1440 in Luzern, es wäre besser, wenn ein einzelner Ort verloren ginge, als wenn die ganze Eidgenossenschaft auseinanderfiele.[35]

Berns Bemühungen um Ausgleich 1440–1450
Zu einem Wandel in der bernischen Politik kam es im Spätjahr 1440 angesichts der Forderungen, die Schwyz und Glarus nach ihren militärischen Erfolgen gegenüber Zürich erhoben, Forderungen, die auf eine umfassende territoriale Expansion der Sieger und die Auflösung grosser Teile des Zürcher Herrschaftsgebietes hinausliefen. Jetzt bemühte sich Bern auf den Kilchberger Verhandlungen, Schwyz in seinem Ausgreifen in der Ostschweiz zurückzubinden und Zürich Teile seines Landgebietes wiederum zukommen zu lassen.[36]

Im Streit von Schwyz samt dessen Parteigängern einerseits und Zürich andererseits, der nach dem Abschluss des Aachener Bündnisses vom 17. Juni 1442 zwischen Friedrich III. und der Limmatstadt erneut ausbrach, bemühte sich Bern von Anfang an, eine militärische Konfrontation zwischen den Orten zu verhindern. Die Aufforderung von Luzern, Uri, Unterwalden und Zug vom 13. Januar 1443 an Zürich, das Bündnis mit Österreich aufzugeben, unterstützte Bern nicht; kurz darauf wurde Schwyz zu bedenken gegeben, Bern sei im Kriegsfall auch Zürich gegenüber zu militärischer Hilfe verpflichtet; und im Februar erkundeten Berner Gesandte die Position der Zürcher und teilten den übrigen Orten mit, Zürich sei bereit, das Bündnis mit Österreich entweder drei Berner oder Solothurner Schiedsleuten oder deutschen Fürsten und Städten zur Prüfung zu unterbreiten.[37] Nach einigem Zögern schloss sich Bern zwar am 28. Mai 1443 den übrigen Orten an und nahm am Zug ins Freiamt und an der Unterwerfung von Mellingen, Baden und Bremgarten teil; die Besetzung der Zürcher Landschaft, die Schlacht bei St. Jakob an der Sihl und die erste Belagerung von Zürich erfolgten aber ohne Berner Truppen. Welche Rolle die Berner Boten Rudolf Hofmeister, Heinrich von Bubenberg und Rudolf von Ringoltingen im Frühjahr 1444 auf den Friedensverhandlungen in Baden gespielt haben, die nach Ablauf des von Bischof Heinrich von Konstanz vermittelten Waffenstillstandes den erneuten Ausbruch des Krieges haben verhindern sollen, ist nicht zu eruieren; die Verhandlungen scheiterten, der Konflikt eskalierte.[38] Wohl kämpften die Berner Truppen im Sommer 1444 gemeinsam mit den Aufgeboten der übrigen Orte, brachten ihr Belagerungsgeschütz vor Greifensee, Zürich sowie der Farnsburg in Stellung und liessen eine grosse Zahl von Gefallenen in der Schlacht bei St. Jakob an der Birs gegen die Armagnaken. Unmittelbar nach dem Treffen vor den Toren Basels führten aber bernische Boten als Vertreter der Eidgenossen (gemeinsam mit Gesandten von Basel, Solothurn, Burgund und Savoyen) in Ensisheim Friedensverhandlungen mit dem Dauphin, die am 20. September zu einem Waffenstillstand und am 28. Oktober zu einem Friedensvertrag zwischen Frankreich und den Eidgenossen führten.[39]

Auch in der letzten Phase des Alten Zürichkrieges war Bern wohl jener Ort, der sich am deutlichsten für einen dauerhaften Frieden zwischen Zürich und den übrigen Eidgenossen engagierte. Als die Teilnehmer an den Verhandlungen zu Konstanz im Mai 1446 bereits mit einem Scheitern der Gespräche rechneten, gelang es den Berner Gesandten Rudolf Hofmeister und Rudolf von Ringoltingen (gemeinsam mit dem Deutschordensmeister Eberhard von Stetten, kurfürstlichen Räten und den Boten von Solothurn), die zerstrittenen Parteien zu einem Kompromiss und zur Einstellung aller Feindseligkeiten zu bewegen und damit den endgültigen Friedensprozess in Gang zu setzen.[40] Und als dieser Friedensprozess angesichts der Unklarheit des ersten Schiedsspruchs von Peter von Argun erneut ins Stocken geriet, griff wiederum Bern im Herbst 1447 vermittelnd ein, vorerst allerdings ohne Erfolg. Einen weiteren Vorstoss unternahm die Aarestadt im Herbst 1448 mit dem Vorschlag, das Schiedsgericht sei um zwei Berner und einen Solothurner zu erweitern; auch diesen Kompromiss lehnten die Schwyzer ab. Erst im November 1449 einigten sich die Eidgenossen auf der Grundlage eines weiteren Vorschlages von Bern auf ein neues Wahlprocedere für den Obmann des Schiedsgerichts, ein Beschluss, der am 8. April 1450 in Kappel festgeschrieben wurde. Allerdings bedurfte es eines weiteren bernischen Vorstosses im Mai 1450, damit die Zugesetzten beider Parteien die Wahl des Obmannes auch wirklich in die Wege leiteten, das heisst ihrer Uneinigkeit wegen die Ernennung des Schiedsrichters der Stadt Überlingen übertrugen; und Überlingen betraute dann den Berner Schultheissen Heinrich von Bubenberg mit dieser Aufgabe.[41]

Überblickt man die Politik Berns gegenüber den zerstrittenen eidgenössischen Orten in den Jahren 1436 bis 1450, ergibt sich folgendes Bild: Nach einer Phase von 1436 bis 1440, die geprägt war von einem verdeckten Doppelspiel von vordergründiger Neutralität im Streit zwischen Schwyz und Zürich einerseits, massiver Begünstigung von Schwyz andererseits, zeichnete sich mit dem Kilchberger Frieden eine deutliche Wandlung ab: Bern bemühte sich zunehmend um einen Ausgleich, versuchte, den Kriegswillen auf beiden Seiten zu dämpfen, und war sogar bereit, das Bündnis Zürichs mit Österreich zu tolerieren. Zu einem grösseren militärischen Engagement Berns gemeinsam mit den übrigen Orten gegen Zürich kam es lediglich im Sommer 1444. Mit den Verhandlungen von Ensisheim kehrte Bern zu seiner Politik des Vermittelns und Verhandelns zwischen Zürich und den übrigen Orten zurück, stiess den Friedensprozess immer wieder an und trug damit wesentlich zur endgültigen Regelung von 1450 bei.[42]

Dieses Bild einer überwiegend friedfertigen, auf Versöhnung ausgerichteten bernischen Politik während der zweiten und dritten Phase des Alten Zürichkrieges bedarf allerdings wesentlicher Ergänzungen und Retouchen, weil es zwar für die Beziehungen Berns zu den übrigen eidgenössischen Orten, insbesondere zu den Kontrahenten Schwyz und Zürich, zutreffen mag, entscheidende Aspekte der Aussenbeziehungen Berns aber ausser Acht lässt; diese Aspekte gilt es, im Folgenden ins Auge zu fassen.

2. Berns Politik am Rhein und in der Westschweiz

In wohl noch stärkerem Masse als Zürich richtete Bern seine Politik in der ersten Hälfte des 15. Jahrhunderts nicht nur auf seine Verbündeten von 1353 aus; vielmehr waren die Beziehungen zu den eidgenössischen Orten lediglich eines von mehreren Handlungsfeldern, denen die Aufmerksamkeit der Aarestadt galt. Von grösstem Interesse waren für Bern die Sicherung der 1415 eroberten Herrschaften im ehemals österreichischen Aargau, der Ausbau und die Festigung der Beziehungen zu den verbündeten und verburgrechteten Herren und Städten in der Westschweiz, die Erweiterung des Einflusses im Herzogtum Savoyen und die ersten direkten Kontakte zu Burgund und zu Frankreich.

Sicherung der bernischen Herrschaft im Aargau
Dass die dauerhafte reichsrechtliche Anerkennung des bernischen Besitzes im Aargau problematisch werden könnte, musste dem Berner Rat spätestens mit dem Regierungsantritt von Albrecht II. 1438 und noch deutlicher mit jenem Friedrichs III. 1440 klar geworden sein, weil die Ansprüche des Hauses Österreich auf die Restitution der eroberten Gebiete hinfort von einem König vertreten wurden, der selber Habsburger war, das heisst: Die Beziehungen Berns zum

Herrscher waren künftig stets mit der ungelösten Aargauer Frage belastet.[43] Zur Stärkung seiner Position schloss Bern am 2. März 1441 mit Basel und Solothurn, die gegenüber Friedrich ähnliche Befürchtungen hegten, ein Bündnis auf zwanzig Jahre, dessen Aufgabe es war, ein Ausgreifen Österreichs südlich des Rheins zu verhindern.[44] Wie schwierig sich die Beziehungen zum König gestalten würden, zeigte sich den Eidgenossen, als sie Friedrich III. im Sommer 1442 in Frankfurt um die Bestätigung ihrer Privilegien ersuchten und abgewiesen wurden, weil sie sich weigerten, die habsburgischen Ansprüche auf den Aargau von einem Reichsgericht beurteilen zu lassen. Weshalb der König während seiner Reise durch das Mittelland im Herbst 1442 ausgerechnet Bern diese Bestätigung doch noch ausstellte, obwohl die Stadt, vertreten durch ihren Gesandten Heinrich von Bubenberg, die österreichischen Ansprüche ausdrücklich zurückwies, ist unklar; möglicherweise spielten Rücksichten auf das eng mit Bern verbundene Savoyen ein Rolle. Berns Bemühungen, die Privilegien-Bestätigung auch für die übrigen Orte zu erlangen, blieben allerdings erfolglos.[45] Die kriegerischen Massnahmen Berns nach Ausbruch der Feindseligkeiten im Frühjahr 1443 galten denn auch nicht in erster Linie der direkten Unterstützung der verbündeten eidgenössischen Orte, sondern der Sicherung der aargauischen Erwerbungen. Ziel Berns war es, die restlichen Besitzungen Österreichs südlich des Rheins und die Rheinübergänge, das heisst das Fricktal und die Städte Rheinfelden, Säckingen, Laufenburg und Waldshut, zu besetzen und damit die Nordgrenze des Aargaus zu sichern. Am 3. August brach Heinrich von Bubenberg mit 5000 Bernern, schwerem Geschütz und Unterstützung von Basel und Solothurn auf und belagerte die Stadt Laufenburg. Wie wenig dieses Vorgehen mit den übrigen Orten abgestimmt war, zeigte sich, als die Eidgenossen ohne vorherige Rücksprache mit Bern dem von Bischof Heinrich von Konstanz vermittelten Waffenstillstand mit Zürich und Österreich zustimmten. Vorerst weigerte sich Bern, diesem Waffenstillstand beizutreten und die Belagerung Laufenburgs abzubrechen; erst am 23. August legte die Stadt die Waffen nieder und gab sich mit einer Kriegsentschädigung Österreichs zufrieden – der erste bernische Versuch einer Expansion an den Rhein schlug fehl.[46] Mit dem Zug nach Laufenburg eröffnete Bern aber einen neuen Kriegsschauplatz, auf dem es nicht mehr um die Toggenburger Erbschaft ging, auf dem vielmehr rein bernische Interessen im Zentrum standen. Dass sich diese Interessen bis in den Sundgau und den Breisgau erstreckt haben, zeigt ein Zug der Berner nach Montbéliard im Herbst 1444. Die endgültige Unterwerfung des Fricktales und der Brückenstädte am Rhein gelang allerdings nicht: Unterstützt von Basel, Solo-

Laufenburg wird im August 1443 von Berner Truppen und Kontingenten aus den verbündeten Städten Basel und Solothurn belagert. – *Bendicht Tschachtlan: Bilderchronik (um 1470), Zentralbibliothek Zürich, Ms. A 120, S. 813.*

thurn, dem Herzog von Savoyen sowie den Grafen von Neuenburg und Valangin eroberte Bern zwar im Herbst 1445 den Stein von Rheinfelden und sicherte damit (vorübergehend) die Freiheit der Stadt Rheinfelden vor Österreich; die anschliessende Belagerung von Säckingen musste aber abgebrochen werden, weil die Unruhen im Oberland das Unternehmen gefährdeten.[47] Eine vorläufige, stillschweigende Anerkennung des bernischen Besitzes im Aargau durch Österreich brachte kurz danach der dreijährige Waffenstillstand der Eidgenossen mit Österreich vom 24. Juni 1450, die endgültige, explizite Anerkennung die Ewige Richtung von 1474.[48]

Sicherung des bernischen Einflusses in der Westschweiz
Das besondere Augenmerk Berns galt auch in den Jahren 1436 bis 1450 den geistlichen und weltlichen Herren sowie den Städten der Westschweiz. Neben den seit dem 14. Jahrhundert mit Bern verbündeten Städten Freiburg, Murten, Biel, Payerne, Neuenstadt oder Neuenburg samt Stift[49] waren es in der Zeit des Alten Zürichkrieges vor allem Westschweizer Adlige, die sich als bernische Ausburger für die Anliegen der Aarestadt engagierten. Zu dieser Gruppe zählten Uldry d'Avenches, Henri de Colombier, Pierre de Villars, Jaques de Rolle, Nicolas de Plé(?) und verschiedene Bürger von Genf,[50] aber auch Angehörige des Hauses Valangin-Aarberg[51] oder die Grafen von Neuenburg.[52] Zu erwähnen sind insbesondere Jean de Fribourg, Graf von Neuenburg (1424–1458) und zugleich Marschall des Herzogs Philipp von Burgund, der die frühen Beziehungen zwischen Bern und dem burgundischen Hof entscheidend förderte,[53] oder Guillaume de Villarsel, der als Vertreter der Stadt am savoyischen Herzogshof wirkte.[54]

Die engen Beziehungen zwischen Bern und Savoyen gehen bis ins 13. Jahrhundert zurück. Verschiedenen Burgrechten einzelner Grafen folgten 1364, 1373/84 und 1412 eigentliche Bündnisse; das letztgenannte galt unbefristet.[55] Gemäss dem österreichischen Landvogt Markgraf Wilhelm von Baden soll zudem vor dem 22. März 1444 ein zusätzliches Bündnis zwischen Savoyen, Bern und Solothurn gegen Österreich geschlossen worden sein.[56] Zum Tragen kamen die gemeinsamen Interessen Berns und Savoyens beispielsweise in den Walliser Wirren (1416–1420), in den bernischen Auszügen von 1438 und 1443 zum Schutze Savoyens vor den Armagnaken oder beim Verkauf der savoyischen Herrschaft Grasburg an Bern und Freiburg.[57] Dass auch fremde Mächte um den nicht zu unterschätzenden Einfluss Berns am Hof des unsteten und schwachen savoyischen Herzogs Ludwig (1434–1465) wussten, zeigt die Bitte des Wittelsbacher Kurfürsten Ludwig von der Pfalz, Bern möge sich doch bei Ludwig von

Savoyen dafür verwenden, dass ihm die Ehesteuer seiner Gattin endlich ausbezahlt werde (1446/47).[58] Besonders eng war die Zusammenarbeit zwischen Bern und Savoyen im Umfeld des Friedens von Konstanz. Im Sommer 1446 reisten Rudolf Hofmeister, Heinrich von Bubenberg und Rudolf von Ringoltingen nach Genf – offiziell um über die Konstanzer Verhandlungen zu orientieren und für die savoyische Unterstützung zu danken; genau besehen ging es aber um die Koordinierung der weiteren politischen Schritte: Bern kontaktierte Felix V., den Konzilspapst, und den Grafen von Neuenburg, um Möglichkeiten zu erkunden, wie ein Bündnis Burgunds mit Österreich zu verhindern wäre. Die Stadt schloss deshalb im Spätsommer 1446 mit Savoyen, dem Bischof von Sitten und den Walliser Zenden ein Bündnis, das Bern gegenüber dem österreichischen Freiburg die nötige Rückendeckung bei allfälligen habsburgischen Restitutionsforderungen geben sollte; und als Bürge ermöglichte die Stadt dem Hause Savoyen, in Strassburg ein Darlehen von 10 000 Gulden aufzunehmen.[59] Gleichzeitig bemühte sich Savoyen, das Österreich im September 1445 den Krieg erklärt hatte, um die Fürsprache Berns am französischen Hof, weil es befürchtete, angesichts des französischen Vermittlungsangebotes im Streit zwischen Österreich und den Eidgenossen isoliert zu werden.[60] Eine Trübung erlitt das bernisch-savoyische Verhältnis während des Freiburger Krieges in den Jahren 1445 bis 1448: Savoyens Bemühen, den österreichischen Vorposten Freiburg seiner Herrschaft zu unterwerfen, und alte bernisch-freiburgische Rivalitäten führten zu einem Krieg zwischen Savoyen und Bern einerseits und dem von Österreich im Stiche gelassenen Freiburg andererseits. Mit dem Frieden von Murten von 1448 endete der Krieg für die Saanestadt zwar mit einer bitteren Niederlage; nach dem erzwungenen Anschluss Freiburgs an Savoyen kam es aber auch zwischen Savoyen und Bern zu erheblichen Spannungen, weil sich Savoyen nicht an die Zusage von 1450 hielt, über Freiburgs Schicksal nur zusammen mit Bern zu entscheiden. Erst Herzog Ludwigs Bereitschaft zu Entschädigungszahlungen an Bern im Vertrag von 1452 und die deutliche Anlehnung Freiburgs an die Nachbarstadt führten erneut zu freundschaftlichen Beziehungen zwischen den alten Verbündeten. Bezeichnenderweise bestätigte Karl VII. von Frankreich den Bernern ausdrücklich, sein Freundschaftsvertrag mit Ludwig von Savoyen vom 27. Oktober 1452 beeinträchtige die Bündnisbeziehungen zwischen Bern und Savoyen in keiner Weise;[61] offensichtlich respektierte man selbst am französischen Hof den eifersüchtig gehüteten Einfluss Berns in Savoyen. Ihre Kontakte zu Ludwig von Savoyen knüpfte die Aarestadt seit 1436 meist über den bereits erwähnten Guillaume de Villarsel, der die Berner Regierung mit den nötigen

Informationen versorgte und die bernischen Ratsgesandten am Hof mit den wichtigen Personen und Fakten bekannt machte.[62]

Diplomatische Kontakte zu Burgund und Frankreich
Zu direkten diplomatischen Kontakten zwischen Bern und Herzog Philipp von Burgund kam es erstmals im Umfeld des Alten Zürichkrieges, insbesondere angesichts der Restitutionspolitik Friedrichs III. Der entscheidende Mittelsmann für Bern war hier der bereits erwähnte Graf von Neuenburg, Jean de Fribourg, verburgrechtet in Bern und zugleich Marschall des burgundischen Herzogs.[63] An ihn wandte sich Bern immer wieder mit seinen Bemühungen, ein Bündnis zwischen Österreich und Burgund – und damit die Gefahr eines Zweifronten-Krieges – zu verhindern; und ebenso hatte Jean de Fribourg die bernischen Vorstösse zum Abschluss eines Bündnisses zwischen Burgund, Savoyen und Bern zu befördern. 1442 ersuchte Bern den Grafen von Neuenburg um Auskünfte über die angeblich laufenden Bündnisverhandlungen zwischen Friedrich III. und Philipp von Burgund, an denen der Marschall teilgenommen habe. Philipp liess Bern im Sommer 1443 wissen, er sei auf die Anträge Österreichs nicht eingegangen und werde sich im eskalierenden Konflikt neutral verhalten.[64] Diese Haltung Burgunds erlaubte es den Vertretern des Herzogs – unter anderen wiederum Jean de Fribourg –, nach der Schlacht bei St. Jakob an der Birs in den Verhandlungen zu Ensisheim zwischen dem Dauphin und den eidgenössischen Orten zu vermitteln.[65] Weil mit dem Frieden von Ensisheim das französisch-österreichische Bündnis für die habsburgische Restitutionspolitik wertlos wurde, umwarb Albrecht VI. erneut Burgund. Vom Frühjahr 1445 bis in den Mai 1447 erschienen mehrere österreichische Gesandtschaften am Hofe Philipps und führten Bündnisverhandlungen. Um eine Allianz mit Burgund bemühten sich aber gleichzeitig auch Bern und Savoyen, deren wichtigste Vertreter François de Menthon und Jean de Fribourg waren.[66] Angesichts der widersprüchlichen Bündnisgesuche bildeten sich am burgundischen Hof zwei Parteien: Für eine Verbindung mit Bern und Savoyen plädierten Marschall, Kanzler und einzelne Räte, für eine Allianz mit Österreich engagierten sich die Herzogin Isabella und verschiedene Räte. Zwar entschied sich Philipp mit dem Vertrag vom 18. Mai 1447 für die Verbindung mit Österreich; zur Unterstützung Albrechts gegen die Eidgenossen verpflichtete er sich aber ausdrücklich nicht, vielmehr versicherte er Bern seiner wohlwollenden Neutralität. Damit war das Bündnis für die habsburgische Restitutionspolitik wertlos.[67] Das Wohlwollen Burgunds gegenüber Bern zeigte sich in den folgenden Monaten nicht nur im Abschluss des Salzver-

trages vom 27. Januar 1448, in welchem dem Rat im bernischen Herrschaftsgebiet ein Monopol für den Verkauf des Salzes aus der Freigrafschaft zugestanden wurde, sondern auch in den Vermittlungsbemühungen herzoglicher Räte an den Friedensverhandlungen von Murten (unter anderem auch von Jean de Fribourg), die im Sommer 1448 für Savoyen und Bern zur erfolgreichen Beendigung des Krieges mit Freiburg führten.[68] Die in der Zeit des Alten Zürichkrieges geknüpften guten Beziehungen zwischen Bern und Burgund dauerten in den folgenden Jahren an: 1454 wurde Herzog Philipp mit allen Ehren in Bern empfangen, 1467 kam es, auf Drängen Berns, sogar zu einem Freundschaftsvertrag zwischen Burgund, Bern, Freiburg, Solothurn und Zürich.[69]

Auch die näheren Kontakte zwischen Bern und der französischen Regierung ergaben sich im Umfeld des Alten Zürichkrieges. Zwar liessen das Bündnis zwischen Karl VII. und Österreich von 1444, die Schreckensmeldungen über das Anrücken der Soldateska der Armagnaken, die entsprechenden Abwehrmassnahmen der Eidgenossen sowie das blutige Treffen von St. Jakob an der Birs vorerst kaum engere Beziehungen erwarten. Umso entlastender muss dann für die in Ensisheim mit dem Dauphin im Namen der Eidgenossen verhandelnden bernischen Gesandten das Einlenken der Vertreter Frankreichs gewesen sein. Mit dem Friedensvertrag vom 28. Oktober 1444 wurden nicht nur die Grundlagen für eine gedeihliche Nachbarschaft gelegt, die beispielsweise in den Vermittlungsbemühungen französischer Boten bei den Friedensbemühungen von Murten 1448 zu fassen sind, sondern auch engere Beziehungen angebahnt, die 1452 zum ersten Freundschaftsvertrag zwischen der französischen Krone und den Eidgenossen führten.[70] Dass zudem einzelne Berner bereits seit längerer Zeit am französischen Hof verkehrten, belegt ein Schreiben von Guillaume de Villarsel vom 22. Mai 1444 (1446?) an Rudolf Hofmeister, in dem er erklärt, dass ein «de Vvremberch [= Bubenberg?] et plures alii de berna sunt in servitio regi francie in magno statu et habent custodiam personis regi».[71]

Der Blick auf die bernische Politik während des Alten Zürichkrieges gegenüber den restlichen Besitzungen Österreichs im Aargau und am Rhein sowie auf die Beziehungen der Aarestadt zu ihren westlichen Nachbarn hat gezeigt, dass Bern in den Jahren 1436 bis 1450 nicht einfach eine eidgenössische Politik betrieben hat, dass vielmehr die Beziehungen zu Zürich, Schwyz und den übrigen Orten immer geprägt und überlagert worden sind von rein bernischen Zielen und Interessen. Um diese sehr unterschiedlichen Stossrichtungen verfolgen zu kön-

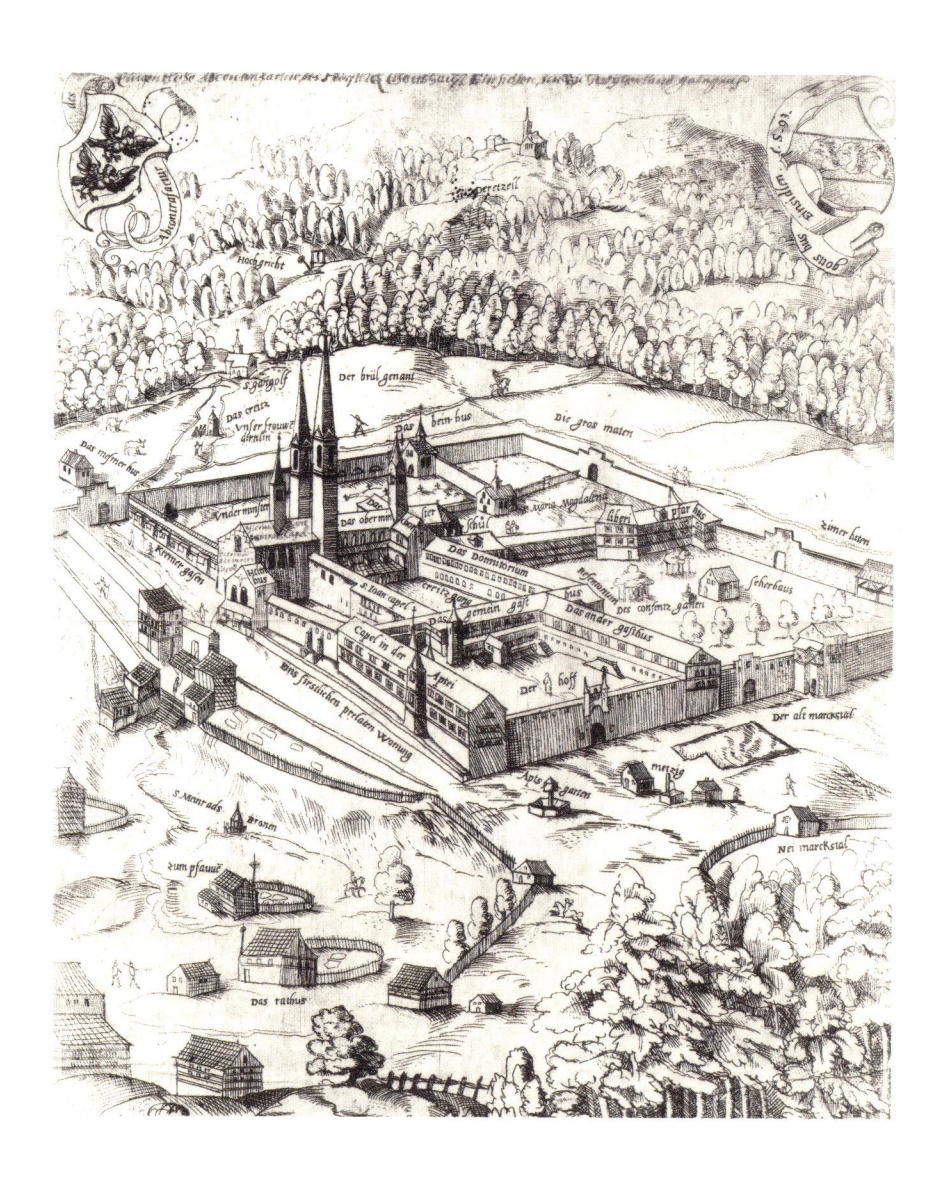

Hinter dem Kloster Einsiedeln befindet sich die Brüel-Matte, auf der am 24. August 1450 die Boten der eidgenössischen Orte die alten Bünde neu beschworen haben. – *Heinrich Stacker: Klosteranlage Einsiedeln von SW, Kupferstich 1593.* – Kupferstichkabinett Kunstmuseum Basel.

nen, nahm sich Bern auch gegenüber den verbündeten eidgenössischen Orten ausserordentliche Freiheiten heraus, schloss Bündnisse und Burgrechte mit Fürsten und Kommunen und scheute sich nicht, selbst während gemeineidgenössischer Feldzüge seine eigenen Ziele mit Waffengewalt zu verfolgen. Erstaunlicherweise kritisierten nicht etwa die verbündeten Eidgenossen diese Politik Berns; vielmehr waren es die Bewohner des bernischen Herrschaftsbereiches, die sich gegen die ständigen Aufgebote und Steuererhebungen wehrten und durch die Verweigerung des Gehorsams – etwa mit dem «Bösen Bund» im Oberland – den Rat zu einer Mässigung oder im Falle der Belagerung von Säckingen gar zu einem Abbruch seiner Expansionspolitik zwangen. Diese Eigenständigkeit der äussern Politik Berns gilt es zu bedenken, wenn nun der Schiedsspruch von 1450 samt seinen Konsequenzen genauer betrachtet wird.

3. Der Schiedsspruch Heinrichs von Bubenberg vom 13. Juli 1450

Die Situation im Sommer 1450
Für die zerstrittenen eidgenössischen Orte, deren Boten sich im Juli 1450 in Einsiedeln versammelt hatten, ging es nicht mehr darum, sämtliche Streitfragen, die sich in den vergangenen Jahren zwischen den Verbündeten entzündet hatten, durch ein einmaliges Schiedsurteil zu entscheiden. Die auf der Grundlage der Schiedssprüche von Peter von Argun einsetzenden Verhandlungen zwischen den Konfliktparteien hatten bereits im Frühjahr 1447 die Konstituierung eines neuen Schiedsgerichtes in Einsiedeln und die Reihenfolge der Verhandlungsgegenstände festgelegt, im November 1449 wurden in Baden die Fragen der Kriegsentschädigungen, der Wahl des Obmannes des Schiedsgerichtes und der Rückgabe der zürcherischen Herrschaftsgebiete gelöst und im April 1450 in Kappel die genaue Terminierung von Obmannswahl und Rückgabe der Zürcher Landschaft entschieden. Im Juli 1450 ging es in Einsiedeln allein um die Rechtmässigkeit von Zürichs Bündnis mit Österreich und – verbunden mit dieser Frage – um die rechtliche Verbindlichkeit und Gültigkeit von Bestimmungen in den Bündnissen einzelner Orte mit den Eidgenossen gegenüber den Entscheiden eidgenössischer Schiedsgerichte.[72] Der Obmann des Einsiedler Schiedsgerichtes hatte zudem nicht zwischen Zürich einerseits, Schwyz samt seinen Verbündeten andererseits zu vermitteln und allenfalls einen Kompromiss zu finden; seine Aufgabe war vielmehr, die in umfangreichen Positionspapieren vorliegenden Standpunkte der beiden Parteien zu prüfen und sich für eine Seite zu entscheiden, einen Standpunkt als den rechtmässigen zu erklären.

Dass sich die Zugesetzten der beiden Seiten im Schiedsgericht weder in der letzten noch offenen Streitfrage noch bei der Wahl eines Obmannes einigen konnten, war zu erwarten; naheliegend war auch, dass die mit der Benennung eines Obmannes betraute Reichsstadt Überlingen mit diesem Amt einen Berner betraute. Bern vertrat im ostschweizerischen Konfliktgebiet kaum eigene territoriale Interessen, machte seit dem Kilchberger Frieden von 1440 seinen mässigenden Einfluss geltend, versuchte vor allem nach 1444 zwischen den Eidgenossen zu vermitteln und engagierte sich nach dem Konstanzer Frieden von 1446 für die Lösung der noch offenen Fragen. Unter den Berner Politikern empfahl sich Heinrich von Bubenberg für das Amt eines Schiedsgerichtsobmanns, weil er sich in den vergangenen Jahren nicht nur als Diplomat an fremden Höfen, sondern auch auf Tagsatzungen und in Schiedsgerichten bewährt hatte, etwa bei der Vermittlung des Waffenstillstandes vom Mai 1439 zwischen Schwyz und Zürich, als Obmann des Schiedsgerichtes, das Ende 1440 den Kilchberger Frieden herbeiführte, als Gesandter Berns bei den (ergebnislosen) Friedensverhandlungen vom Frühjahr 1444 in Baden oder auf der Einsiedler Tagsatzung im Mai 1447; im Sommer 1448 gehörte er zu den Gesandten am Friedenskongress in Murten und im Januar 1450 war er Obmann eines Schiedsgerichtes in einer Streitfrage zwischen dem Bischof von Konstanz und eidgenössischen Orten. Auch nach seinem Entscheid vom 13. Juli 1450 wurde er immer wieder als Schiedsrichter zugezogen.[73]

Am 13. Juni 1450 nahm Heinrich von Bubenberg das Amt eines Obmannes im Einsiedler Schiedsverfahren an und liess sich die Akten aushändigen, insbesondere die Darstellungen der Rechtsstandpunkte der beiden Parteien, wie sie von den je zwei Zugesetzten dargelegt worden waren. Am 23. Juni erhielt Heinrich von Bubenberg von den Eidgenossen einen Schadlosbrief, in dem ihm garantiert wurde, er habe – wie sein Schiedsspruch auch immer ausfalle – keine Schadensforderungen zu gewärtigen. Und am 13. Juli 1450 schliesslich verkündete der Berner Schultheiss sein Urteil, wonach der Standpunkt von Schwyz und seinen Verbündeten der rechtmässige sei, Zürichs Bündnis mit Österreich eidgenössisches Recht verletze und der diesbezügliche Vertrag deshalb aufzulösen sei.[74] Offensichtlich hatte er es sich mit seinem Entscheid nicht leicht gemacht. Er betont, er habe nicht allein die Akten gründlich studiert und sich mit Kennern des geistlichen und weltlichen Rechtes beraten, sondern insbesondere mit eigener Vernunft und gemäss seinem Verständnis geprüft, «wie sich der ursprung der houptsachen, daruss diss gegenwertig sach komen und fliessende ist, untz uff disen hüttigen tag im rechten oder usswendig gemachet hant».[75] Damit wird deutlich: In den Augen von Heinrich von Bubenberg ging es im Hinblick auf Zürichs Bündnis mit Österreich nicht allein um eine juristische Streitfrage; vielmehr fällte er sein Urteil unter Berücksichtigung der Entwicklung seit 1436 auch als politischen Entscheid. Er machte sich den von Schwyz in den vergangenen Jahren vehement vertretenen Standpunkt zu Eigen, wonach die Bündnisfreiheit einzelner Orte sich dem Gesamtwillen der Eidgenossenschaft unterzuordnen habe. Die Verträge, welche die einzelnen Orte im Verlaufe des 14. Jahrhunderts mit den Waldstätten geschlossen hatten, sollten nicht mehr als Bündnisse neben andern, gleichwertigen Verbindungen gelten, sondern verpflichtenden Vorrang erhalten. Damit wurde das bisher sehr lockere eidgenössische Bündnisgeflecht zu einem stärker verklammerten Bündnisverbund – wie das Bernhard Stettler überzeugend herausgearbeitet hat.[76]

Reaktionen von Zeitgenossen und Deutung aus heutiger Sicht
Dass dieser Entscheid Heinrichs von Bubenberg vom 13. Juli 1450 nicht nur Erleichterung und Zustimmung hervorgerufen hat, ist verständlich. In Zürich etwa wurde kritisiert, die Limmatstadt habe zwar in das Schiedsverfahren zur Beendigung des Konfliktes eingewilligt, die Frage aber, in welchem Verhältnis denn die im Zürcher Bund von 1351 der Stadt zugesagte Bündnisfreiheit zu der von den Eidgenossen nun geforderten abschliessenden Entscheidungshoheit eidgenössischer Schiedsgerichte stehe, sei nie von neutraler Seite juristisch geprüft worden. In der zweiten Fortsetzung der Chronik der Stadt Zürich wird genau dieser Punkt bei der Darstellung des abschliessenden Schiedsverfahrens von 1450 hervorgehoben: «der spruch und der alt puntbrief mochtend nit bi enander bestan. So hat ouch der obman nit me gewaltz, denn der bapst; won der het so vil tusend aid als beschehen sind zu dem hus von Österrich mit ainem wort nit absolvirt, es wär denn baider tail will und wissen gesin.»[77] Dass Zürich laut seinem Bündnis mit den Waldstätten das Recht hatte, nach Bedarf weitere Bündnisse einzugehen, wenn dabei die Verpflichtungen von 1351 vorbehalten blieben,[78] war in Bern sehr wohl bekannt. Am 20. Mai 1443 schrieb der Rat von Bern an Thun, die Eidgenossen lehnten Zürichs Bund mit Österreich ab, obschon im Zürcher Bund von 1351 «ein artikel weisent, dass sich jegklich ort fürer zu herren und städten verbinden mag, den ehrenbünden unvergriffenlich».[79] Dem Berner Rat, auch Heinrich von Bubenberg, muss zudem bewusst gewesen sein, dass sich das Urteil vom 13. Juli 1450 durchaus auch auf die bernische Bündnispolitik übertragen liess. Auch im Bündnis Berns mit den Waldstätten vom 6. März 1353 behielten sich beide Vertragsparteien ihre Bündnisfreiheit vor – und Bern

machte von dieser Freiheit in grossem Umfange Gebrauch, gerade auch während des Konfliktes von 1436 bis 1450:[80] 1441 verbündete sich die Aarestadt mit Basel und Solothurn, vor 1444 und 1448 mit Savoyen, 1446 mit Savoyen, dem Bischof von Sitten und den Zenden von Wallis und 1448 mit Burgund. In Zürich war man über diese selbständige Politik Berns sehr wohl orientiert und über deren Tolerierung durch die übrigen Orte verärgert.[81]

So stellt sich denn abschliessend die Frage, weshalb Bern seine Aussenbeziehungen weitgehend eigenständig zu gestalten vermochte, während der Stadt Zürich, die sich auf dieselben vertraglichen Regelungen berufen konnte, dieser Freiraum nicht zugestanden wurde.

Zur Klärung dieses Sachverhaltes ist ein nochmaliger kurzer Blick auf Berns Aussenbeziehungen im zweiten Drittel des 15. Jahrhunderts hilfreich. Dabei drängen sich folgende Beobachtungen auf:

1. Die Freundschaftsverträge, Bündnisse und Burgrechte, die Bern im zweiten Drittel des 15. Jahrhunderts schloss und die zweifellos andeuteten, in welchen Regionen die Aarestadt ihren Einfluss verstärken, wohin sie allenfalls expandieren wollte, wurden vornehmlich mit Herren und Städten der heutigen Westschweiz und des Oberrheins, vereinzelt auch des Wallis geschlossen. Die mit diesen Verbindungen angedeuteten Tendenzen zur Ausdehnung und Verdichtung des bernischen Herrschaftsbereiches waren für die übrigen eidgenössischen Orte weitgehend unbedenklich, weil sie meist Gebiete betrafen, die ausserhalb ihrer eigenen Expansionsgelüste lagen – eine Ausnahme bildeten hier die Rivalitäten mit Wallisern und Innerschweizern ums Eschental im Raron-Handel. Dass auch Bern bei der Festlegung genauer Grenzen mit eidgenössischen Orten Differenzen auszutragen hatte, sobald die umstrittenen Gebiete nicht im Westen, sondern im Osten oder Norden des bernischen Herrschaftsgebietes lagen, lassen die langwierigen Verhandlungen über Grenzverläufe mit Luzern, Solothurn oder dem Bischof von Basel erkennen.[82]
2. Den eidgenössischen Orten kamen die guten Beziehungen Berns zu den Fürstenhäusern im Westen gelegen. Sie zogen ebenso Nutzen aus den engen Verbindungen der Aarestadt zu den verschiedenen Zweigen des Neuenburger Grafenhauses oder aus dem Wirken bernischer Mittelsmänner am savoyischen oder burgundischen Hof wie aus dem diplomatischen Geschick, mit dem Berner Ratsherren und adlige Ausburger als Gesandte ihren Einfluss bei Ludwig von Savoyen oder am Hofe Philipps von Burgund geltend machten.

Der den Eidgenossen sehr günstige Friede von Ensisheim, der den Armagnakenkrieg beendete, war wesentlich der Fürsprache savoyischer und burgundischer Adliger zu verdanken, die eng mit Bern verbunden waren.[83]

3. Im Gegensatz zu Zürich, das sich in seinem Streit mit Schwyz der eidgenössischen Schiedsgerichtsbarkeit immer wieder zu entziehen suchte und den Konflikt vor ein Reichsgericht bringen wollte, lehnte Bern die Vermittlung und die Schiedsverfahren der Eidgenossen bei Konflikten mit Nachbarn oder eigenen Leuten keineswegs ab – vor allem dann nicht, wenn ein Bern-freundlicher Entscheid der Eidgenossen abzusehen war. Gerade während des Alten Zürichkrieges ersuchte die Stadt mehrfach um die Vermittlung eidgenössischer Orte: 1446 prüften Boten aus Luzern, Uri, Schwyz, Unterwalden, Zug und Glarus die Klagen der Oberländer (Aeschi, Mülinen, Wengi), die Bern übermässiger Aufgebotsforderungen wegen den Gehorsam verweigert hatten; die Boten entschieden im Sinne Berns und verfügten die Auflösung des «Bösen Bundes» im Oberland. Und 1448 waren es neben den Vertretern Karls VII. von Frankreich und Philipps von Burgund erneut die Boten der eidgenössischen Orte (ohne Zürich), Basels und Solothurns, die den Frieden zwischen Savoyen und Bern einerseits, Freiburg andererseits vermittelten.[84] Vor allem dank seiner geographischen Lage konnte Bern davon ausgehen, dass bei diesen Streitfällen die eidgenössischen Schiedsleute nicht die bernischen Kontrahenten begünstigen, sondern eher die Interessen der verbündeten Aarestadt berücksichtigen würden.

Damit wird deutlich: Mit seinem Schiedsspruch vom 13. Juli 1450, der Zürich verpflichtete, sein Bündnis mit Österreich zu lösen, bestätigte und legitimierte Heinrich von Bubenberg einerseits die im Verlaufe des Alten Zürichkrieges vor allem von Schwyz propagierte Auffassung, wonach gemeineidgenössische Entscheide und Schiedsurteile den Bestimmungen der einzelnen Bündnisse übergeordnet seien, dass diese Schiedsurteile vor keine höhere Gerichtsinstanz gezogen werden könnten und dass dem eidgenössischen Bündnisgeflecht vor allen andern Bündnissen ein Vorrang zukomme; andererseits war er sich zweifellos bewusst, dass sich dieser Grundsatz zwar auch auf die sehr eigenständige bernische Politik auswirken könnte, dass aber angesichts der Stossrichtung der Expansion Berns und des Nutzens der damit verbundenen diplomatischen Kontakte die übrigen Eidgenossen kaum hemmend in die bernische Politik eingreifen würden. Sein sorgfältiges Abwägen zwischen verstärkter Klammer im eidgenössischen Gefüge und politischem Freiraum seiner Vaterstadt spiegelt sich wohl auch in seiner Bemerkung, er fälle sein Urteil «uff den eyd, den ich darumb liplich zu got und den heilgen gesworn han, das ich nach menigfaltigem rat, so ich von wissen lüten gehept und gepflegen han, als obstat, ouch *in miner eigner vernunft* nit anders mercken noch erfinden kann».[85]

Anmerkungen

[1] Amtliche Sammlung der älteren Eidgenössischen Abschiede 2. Hrsg. von Segesser von, Anton Philipp. Luzern 1863, 859.

[2] Tschudi, Aegidius: Chronicon Helveticum 12. Hrsg. von Stettler, Bernhard. Basel 1998, 61*–64*.

[3] Stettler, Bernhard: Die Eidgenossenschaft im 15. Jahrhundert. Die Suche nach einem gemeinsamen Nenner. Zürich 2004, 179.

[4] Stettler (wie Anm. 3), 176f.

[5] Zur Benennung des Konfliktes vgl. Sieber, Christian: Einführung. In: von Niederhäuser, Peter; Sieber, Christian (Hrsg.): Ein «Bruderkrieg» macht Geschichte. Neue Zugänge zum Alten Zürichkrieg. Zürich 2006, 11f.

[6] Stettler (wie Anm. 3), 161.

[7] Fründ, Hans: Chronik. Hrsg. von Kind, Christian Immanuel. Chur 1875.

[8] Tschachtlans Bilderchronik. Kommentar zur Faksimile-Ausgabe. Hrsg. von Schmid, Alfred A. Textedition von Ladner, Pascal. Luzern 1988, 307, Kap. 485, Z. 38f. (Waffenstillstand 14.5.1439); 324, Kap. 540, Z. 2 (Kilchberger Friede 1.12.1440), 361, Kap. 619, Z. 4 (Friedenskonferenz in Baden 22.3.1444).

[9] Tschachtlan (wie Anm. 8), 407, Kap. 725, Z. 23–29.

[10] Chronik der Stadt Zürich. Hrsg. von Dierauer, Johannes (= Quellen zur Schweizer Geschichte 18). Basel 1900, 223f.

[11] Berger, Hans: Der Alte Zürichkrieg im Rahmen der europäischen Politik. Ein Beitrag zur «Aussenpolitik» Zürichs in der ersten Hälfte des 15. Jahrhunderts. Zürich 1978; Feller, Richard: Geschichte Berns 1. Bern 1972, 303; Niederstätter, Alois: Der Alte Zürichkrieg. Wien 1995; Schaufelberger, Walter: Spätmittelalter. In: Handbuch der Schweizer Geschichte 1. Zürich 1972, 303.

[12] Schneider, Hans: Der Anteil Berns an den Friedensverhandlungen während des alten Zürichkrieges und am Zustandekommen des endgültigen Friedens. In: Archiv des Historischen Vereins des Kantons Bern 13 (1892), 387–406; Stettler (wie Anm. 3), 175–183.

[13] Tschudi, Aegidius: Chronicon Helveticum 10. Hrsg. von Stettler, Bernhard. Basel 1994, 9*–11*; Stettler, Bernhard: Die Historiographie des Alten Zürichkriegs (15.–19. Jahrhundert). In: Niederhäuser/Sieber (wie Anm. 5), 23–42.

[14] Zur ersten Kriegsphase vgl. Abschiede 2 (wie Anm. 1), 773–777, Beilage 12 (Friede von Kilchberg); Stettler (wie Anm. 3), 145–152; Schaufelberger (wie Anm. 11), 293–297; Tschudi 10 (wie Anm. 13), 14–349; Berger (wie Anm. 11), 62–104.

[15] Zur zweiten Kriegsphase vgl. Abschiede 2 (wie Anm. 1), 811–814, Beilage 21 (Friede von Konstanz); Tschudi, Aegidius, Chronicon Helveticum 11. Hrsg. von Stettler, Bernhard. Basel 1996, 13*–99*, 442–448; Stettler (wie Anm. 3), 152–160; Schaufelberger (wie Anm. 11), 297–303; Berger (wie Anm. 11), 105–152; Niederstätter (wie Anm. 11), 188–195;

      Bihrer, Andreas: «Ein fürst des fridens». Vermittlungsbemühungen und Selbstinszenierung des Konstanzer Bischofs Heinrich von Hewen (1436–1462). In: Niederhäuser/Sieber (wie Anm. 5), 155–165; Landolt, Oliver: Das Alte Land Schwyz während des Alten Zürichkrieges. In: Niederhäuser/Sieber (wie Anm. 5), 55–63; Marolf, Thomas: «Er was allenthalben im spil». Hans von Rechberg, das Feldunternehmertum und der Alte Zürichkrieg. Menziken 2006; Natsch, Günther E.: Die Schlacht bei Ragaz am 6. März 1446. Erinnerungsschrift zum 550. Jahrestag anno 1996. Bad Ragaz 1996; Sieber, Christian: Der Vater tot, das Haus verbrannt. Der Alte Zürichkrieg aus der Sicht der Opfer in Stadt und Landschaft Zürich. In: Niederhäuser/Sieber (wie Anm. 5), 65–79.

16 Zur Endphase des Krieges vgl. Krieger, Karl-Friedrich: Die Habsburger im Mittelalter. Von Rudolf I. bis Friedrich III. Stuttgart 2004, 2. Aufl., 163–195; Döbeli, Christoph (Hrsg.): Die Habsburger zwischen Rhein und Donau. Aarau 1996, 164–179; Tobler, Gustav: Die äussere Politik Berns während des alten Zürichkrieges. In: Archiv des Historischen Vereins des Kantons Bern 11 (1885), 367–409; Bierbrauer, Peter: Freiheit und Gemeinde im Berner Oberland 1300–1700 (Archiv des Historischen Vereins des Kantons Bern 74 (1991), 168–189; Stettler (wie Anm. 3), 142–145, 157–164, 166–175; Berger (wie Anm. 11), 35–60.

17 Zum Friedensprozess vgl. Abschiede 2 (wie Anm. 1), 825–841, Beilage 25 (Obmannsspruch Peters von Argun); 215f., Nr. 321; 841–844, Beilage 26 (Gütliche Richtung, Kappel 8.4.1450); 844–860, Beilage 27 (Schiedsspruch, Einsiedeln 13.7.1450); Stettler (wie Anm. 3), 164–179; Schaufelberger (wie Anm. 11), 303–305; Tschudi 12 (wie Anm. 2), 27*–64*; Berger (wie Anm. 11), 178–192; Schneider (wie Anm. 12), 346–406.

18 Tobler, Gustav: Rudolf Hofmeister, ca. 1375–1451. In: Sammlung Bernischer Biographien 1. Bern 1884, 401–409; Feller 1 (wie Anm. 11), 257f.; Zahnd, Urs Martin: Die Bildungsverhältnisse in den bernischen Ratsgeschlechtern im ausgehenden Mittelalter. Bern 1979, 112f.

19 Feller 1 (wie Anm. 11), 312f.; von Erlach, Hans Ulrich: 800 Jahre Berner von Erlach. Die Geschichte einer Familie. Bern 1989, 48–60; Zahnd (wie Anm. 18), 113.

20 Tobler, Gustav: Rudolf Zigerli von Ringoltingen, 138.–1456. In: Sammlung Bernischer Biographien 2. Bern 1896, 172–185; Türler, Heinrich: Über den Ursprung der Zigerli von Ringoltingen und über Thüring von Ringoltingen. In: Berner Taschenbuch 1902; Feller 1 (wie Anm. 11), 313f.; Zahnd (wie Anm. 18), 114f.

21 Schneider (wie Anm. 12), 388–400; von Mülinen, Wolfgang Friedrich: Herren von Bubenberg. In: Genealogisches Handbuch zur Schweizer Geschichte 3. Fribourg 1916, 13f.; Feller 1 (wie Anm. 11), 311f.; Tschudi 12 (wie Anm. 2), 60*f.; Zahnd (wie Anm. 18), 113f.

22 Tobler (wie Anm. 16), 367–409; Schneider (wie Anm. 12), passim; Feller 1 (wie Anm. 11), 271–303; Tschudi 10 (wie Anm. 13), 182, Anm. 77; Tschudi 11 (wie Anm. 15), 81, Anm. 30.

23 Tschudi 10 (wie Anm. 13), 55, Anm. 25.

24 Tschudi 10 (wie Anm. 13), 89, Anm. 32; 111, Anm. 36; Schneider (wie Anm. 12), 299–303.

25 Tschudi 10 (wie Anm. 13), 113f., Anm. 36; Stettler (wie Anm. 3), 150.

26 Tschudi 10 (wie Anm. 13), 17*–62*; 183–207; Schneider (wie Anm. 12), 304–307; Feller 1 (wie Anm. 11), 271–275.

27 Abschiede 2 (wie Anm. 1), 133, Nr. 211; Schneider (wie Anm. 12), 399.

28 Tschudi 10 (wie Anm. 13), 308, Anm. 127; Feller 1 (wie Anm. 11), 275–277.

29 Abschiede 2 (wie Anm. 1), 773–777, Beilage 12; Tschudi 10 (wie Anm. 13), 337, Anm. 133; Schneider (wie Anm. 12), 311–314.

30 Tschudi 10 (wie Anm. 13), 348, Anm. 136; 356, Anm. 140; Berger (wie Anm. 11), 95–104; Stettler (wie Anm. 3), 152.

31 Schneider (wie Anm. 12), passim.

32 Feller 1 (wie Anm. 11), 272; Wiget, Josef: Bern und Schwyz. In: Mitteilungen des Historischen Vereins des Kantons Schwyz 83 (1991), 25–39.

33 Feller 1 (wie Anm. 11), 273f.; Tschudi 10 (wie Anm. 13), 111, Anm. 36; 122, Anm. 38; 182, Anm. 77; Stettler (wie Anm. 3), 150f.; Schneider (wie Anm. 12), 308f; 408–411, Beilagen 2 und 3.

34 Die Rechtsquellen des Kantons Bern. Das Stadtrecht von Bern IV.1. Hrsg. von Rennefahrt, Hermann. Aarau 1955, 96–110, Nr. 145 (Ewiger Bund der Städte Zürich und Bern 22.1.1423).

35 Tschudi 10 (wie Anm. 13), 184, Anm. 77; Feller 1 (wie Anm. 11), 276.

36 Tschudi 10 (wie Anm. 13), 356, Anm. 140; Tschudi 11 (wie Anm. 15), 81, Anm. 30; Schneider (wie Anm. 12), 312f.; Berger (wie Anm. 11), 102–104.

37 Schneider (wie Anm. 12), 318–321; Niederstätter (wie Anm. 11), 190–194; Berger (wie Anm. 11), 107–109.

38 Schneider (wie Anm. 12), 400; Feller 1 (wie Anm. 11), 283f.; Berger (wie Anm. 11), 130–132; Tschudi 11 (wie Anm. 15), 263, Anm. 123; 278, Anm. 129; 285, Anm. 131; 294, Anm. 132; 305, Anm. 135.

39 Rechtsquellen IV.1 (wie Anm. 34), 283–286, Nr. 160 a (Friede von Ensisheim); Feller 1 (wie Anm. 11), 290; Berger (wie Anm. 11), 146–152; Stettler (wie Anm. 3), 157–160; Tschudi 11 (wie Anm. 15), 312, Anm. 139.

40 Tobler (wie Anm. 16), 404f.; Schneider (wie Anm. 12), 337–345; Tschudi 12 (wie Anm. 2), 13*–21*.

41 Schneider (wie Anm. 12), 384–387; Tschudi 12 (wie Anm. 2), 57*–64*; Stettler (wie Anm. 3), 175–179.

42 Feller 1 (wie Anm. 11), 303.

43 Feller 1 (wie Anm. 11), 246–248; Schaufelberger (wie Anm. 11), 283; Stettler (wie Anm. 3), 123–137.

44 Rechtsquellen IV.1 (wie Anm. 34), 249–256, Nr. 156 (Bündnis von Bern, Solothurn und Basel 2.3.1441); Tschudi 10 (wie Anm. 13), 358, Anm. 142.

45 Rechtsquellen IV.1 (wie Anm. 34), 199–201, Nr. 152 d (Bestätigung der Freiheiten Berns durch Friedrich III., Freiburg 17.10.1442); Tschudi 11 (wie Anm. 15), 23, Anm. 7; 53, Anm. 17; Feller 1 (wie Anm. 11), 278; Berger (wie Anm. 11), 109–113.

46 Tschudi 11 (wie Anm. 15), 65*–82*; 81, Anm. 30; 184, Anm. 82; 187, Anm. 83; Feller 1 (wie Anm. 11), 283; Berger (wie Anm. 11), 195.

47 Tschudi 11 (wie Anm. 15), 393, Anm. 194; Feller 1 (wie Anm. 11), 290f.; Schaufelberger (wie Anm. 11), 302; Berger (wie Anm. 11), 195;

48 Stettler (wie Anm. 3), 177; Rechtsquellen IV.1 (wie Anm. 34), 520–523, Nr. 177 h (Ewige Richtung 11.6.1474); Schaufelberger (wie Anm. 11), 304, 317f.

49 Die Rechtsquellen des Kantons Bern. Das Stadtrecht von Bern III. Hrsg. von Rennefahrt, Hermann. Aarau 1945, 27f., Nr. 5 (Freiburg); 41, Nr. 17 (Biel); 98, Nr. 52 (Murten); 136–139, Nr. 63 (Payerne); 271–273, Nr. 100 (Neuenstadt); 367–383, Nr. 125 (Neuenburg).

50 Tobler, Gustav: Die Ausbürgerverzeichnisse der Jahre 1406 und 1429. In: Archiv des Historischen Vereins des Kantons Bern 11 (1885), 351–356.

51 Rechtsquellen IV.1 (wie Anm. 34), 171–175, Nr. 149.

52 Rechtsquellen IV.1 (wie Anm. 34), 462–482, Nr. 170.

53 Tobler (wie Anm. 16), 335; Berger (wie Anm. 11), 185.

54 Tobler (wie Anm. 16), 387–408, Beilagen 5, 6, 8, 10, 11, 16, 18, 20; Welti, Friedrich Emil: Alte Missiven 1444–1448. Bern 1912, 51–134, Nr. 1, 37, 50, 52, 57, 63, 70, 73; 52, Anm. 1.

55 Rechtsquellen III (wie Anm. 49), 183–188, Nr. 78; 473–478, Nr. 132 (Bündnis von Bern, Freiburg und Savoyen 18.1.1412); Tobler (wie Anm. 16), 368–370.

56 Abschiede 2 (wie Anm. 1), 174, Nr. 273; Tobler (wie Anm. 16), 374.

57 Tschachtlan (wie Anm. 8), 290, Kap. 451; Rechtsquellen IV.1 (wie Anm. 34), 102–110, Nr. 146; Feller 1 (wie Anm. 11), 249–256; 280; Berger (wie Anm. 11), 142; Tobler (wie Anm. 16), 371; Burri, Friedrich: Die einstige Reichsfeste Grasburg. Geschichte, Rekonstruktion, Einkünfte. Bern 1935, 72.

58 Tobler (wie Anm. 16), 376; 389–406, Beilagen 7, 8, 18; Berger (Anm. 11), 187.

59 Rechtsquellen IV.1 (wie Anm. 34), 297–305, Nr. 161 a; Welti (wie Anm. 54), 10–13; Feller 1 (wie Anm. 11), 297.

60 Tobler (wie Anm. 16), 380f.; 404–406, Beilage 18; Berger (wie Anm. 11), 189–192; Tschudi 11 (wie Anm. 15), 371, Anm. 175.

61 Actenstücke betreffend die zu Freyburg vorgefallene Ermordung des Scharfrichters von Bern. In: Der Schweizerische Geschichtforscher 8. Bern 1832, 102–110; Rechtsquellen IV.1 (wie Anm. 34), 340–364, Nr. 164 b–k; Welti (wie Anm. 54), 2–50; Feller 1 (wie Anm. 11), 297–302; Ladner, Pascal: Politische Geschichte und Verfassungsentwicklung Freiburgs bis zum Ausgang des Mittelalters. In: Geschichte des Kantons Freiburg 1. Freiburg 1981, 180–183.

62 Tobler (wie Anm. 16), 377f.; Berger (wie Anm. 11), 144.

63 Berger (wie Anm. 11), 117; Jeanneret-de Rougemont, Anne: Johann von Freiburg. In: HLS 4. Basel 2004, 715.

64 Tobler (wie Anm. 16), 372; 383–386, Beilagen 3 und 4; Berger (wie Anm. 11), 117–121.

65 Rechtsquellen IV.1 (wie Anm. 34), 283, Z. 16.

66 Tobler (wie Anm. 16), 378f.; Berger (wie Anm. 11), 180–188; Feller 1 (wie Anm. 11), 297.

67 Tobler (wie Anm. 16), 380f.; Berger (wie Anm. 11), 186–189.

68 Meyer, Emil: Der bernische Salztraktat mit der grossen Saline von Salins im Jahre 1448. In: Archiv des Historischen Vereins des Kantons Bern 32 (1933), 73–83; Rechtsquellen IV.1 (wie Anm. 34), 343–352, Nr. 164 c und d (Friedensverträge vom 16.7.1448).

69 Zahnd, Urs Martin: Burgund und die Eidgenossen. Nachbarn werden Gegner – Alltag und zeitgenössische Chronistik (im Druck).

70 Rechtsquellen IV.1 (wie Anm. 34), 283–288, Nr. 160 a und b; Berger (wie Anm. 11), 137–152.

71 Tobler (wie Anm. 16), 389; Welti (wie Anm. 54), 52.

72 Abschiede 2 (wie Anm. 1), 215f., Nr. 321; 825–841, Beilage 25; 841–844, Beilage 26; Schneider (wie Anm. 12), 384–387; Tschudi 12 (wie Anm. 2), 33*f., 58f.; Stettler (wie Anm. 3), 177f.

73 Abschiede 2 (wie Anm. 1), 773–777, Beilage 12; 216f., Nr. 322; 239f., Nr. 363; 245, Nr. 374; 258, Nr. 393; 261–263, Nr. 401; 321f., Nr. 504; Rechtsquellen IV.1 (wie Anm. 34), 348, Z. 14; Schneider (wie Anm. 12), 399–402; Tschudi 12 (wie Anm. 2), 60*, Anm. 133*.

74 Abschiede 2 (wie Anm. 1), 858–860.

75 Abschiede 2 (wie Anm. 1), 859.

76 Stettler (wie Anm. 3), 179–183; Tschudi 12 (wie Anm. 2), 67*–72*.

77 Chronik der Stadt Zürich (wie Anm. 10), 224, Z. 7–11; Tschudi 12 (wie Anm. 2), 64*–67*.

78 Quellenwerk zur Entstehung der Schweizerischen Eidgenossenschaft I.3. Hrsg. von Schudel, Elisabeth et al. Aarau 1964, 612 (Bündnis von Zürich, Luzern, Uri, Schwyz und Unterwalden 1.5.1353).

79 Missive aus der Zeit des alten Zürichkrieges, vom 13. Februar 1437 bis 24. December 1450. Hrsg. von Lohner, Carl Friedrich. In: Der Schweizerische Geschichtforscher 6. Bern 1827, 340.

80 Rechtsquellen III (wie Anm. 49), 164, Z. 30–37; Zahnd, Urs Martin: Berns Bündnis- und Territorialpolitik in der Mitte des 14. Jahrhunderts. In: BEZG 53 (1991), 21–59; ders. Das Ausgreifen aufs Land. In: Berns mutige Zeit. Das 13. und 14. Jahrhundert neu entdeckt. Hrsg. von Schwinges, Rainer C. Bern 2003, 469–509; Hesse, Christian: Expansion und Ausbau. Das Territorium Berns und seine Verwaltung im 15. Jahrhundert. In: Berns grosse Zeit. Das 15. Jahrhundert neu entdeckt. Hrsg. von Beer, Ellen J. et al. Bern 2003, 2. Aufl., 330–348.

81 Tschudi 12 (wie Anm. 2), 61*, Anm. 136*.

82 Rechtsquellen IV.1 (wie Anm. 34), 34–79, Nr. 140; 112–171, Nr. 148; 382–427, Nr. 167.

83 Rechtsquellen IV.1 (wie Anm. 34), 283, Z. 13–19.

84 Die Rechtsquellen des Kantons Bern. Das Statutarrecht der Landschaft Frutigen (bis 1798). Hrsg. von Rennefahrt, Hermann. Aarau 1937, 81–96, Nr. 22–24; Rechtsquellen IV.1 (wie Anm. 34), 343, Z. 31–34; Bierbrauer (wie Anm. 16), 170–182.

85 Abschiede 2 (wie Anm. 1), 859 (Kursivschrift vom Verfasser).

Macht und Ohnmacht der Eidgenossen
Adrian I. von Bubenberg und die eidgenössische Friedensdiplomatie nach den Burgunderkriegen
André Holenstein

1. Einleitung[1]

In seiner Berner Chronik berichtete Valerius Anshelm vom Schicksal der burgundischen Herrschaft nach dem Tod Karls des Kühnen in der Schlacht bei Nancy am 5. Januar 1477 und lieferte eine bemerkenswerte Analyse der unterschiedlichen Reaktionen der siegreichen Mächte: Burgunds grosse Nachbarn – der habsburgische Kaiser Friedrich III. und sein Sohn Maximilian sowie König Ludwig XI. von Frankreich – jene «witzigen, auch listigen herren», die dem Krieg zugesehen und auf Gebietsgewinne gelauert hätten – hätten rasch die Gunst der Stunde genutzt und Teile von Karls Erbe ergattert. Ludwig zog im Mai 1477 das Herzogtum Burgund als verfallenes Lehen an Frankreich, während Herzog Maximilian im Namen seiner Verlobten Maria von Burgund die Niederlande, Brabant und Flandern einnahm. Um das Artois, die Picardie und Freigrafschaft Burgund sei es zwischen Frankreich und Habsburg zum Krieg gekommen. Neben den beiden grossen Herren hätten sich auch die Herzöge Sigmund von Österreich als Hauptveranlasser des Krieges und René von Lothringen als Sieger der Schlacht von Nancy ihren Teil vom Erbe sichern wollen. «Desglichen d'Eidgnossen, als die, so des kriegs fürnemste hand und stand, und noch gegen denen landen in ofner vecht waren. Ein fürsichtig stat Bern riet ernstlich und wol, die Burgunsch grafschaft inzenemen, vand aber nit volg.» Die Stände der Freigrafschaft Burgund schliesslich hätten nach dem Tod ihres Fürsten sogleich bei den Eidgenossen und deren Bundesgenossen «trungenlich und treffenlich [...] um gleit, bestand und friden» geworben. Die Eidgenossen «und fürnemlich ein stat Bern, die nun nit mit kleinerer arbeit sich müegt friden, denn vor krieg ze machen», hätten in der Folge die beiden Herzöge mit deren Begehren abgewiesen und sie ermahnt, sich mit ihren Herrschaften zu begnügen, die sie nur mit Hilfe der Orte wieder ganz in ihren Besitz gebracht hätten. Im Jahr darauf sei dann in Zürich «uf einem grossen tag, so vil gehandlet [worden], dass gmein Eidgnoschaft, zuo sampt iren pundgnossen, der gemelten grafschaft ewigen friden um anderthalb hunderttusend Rinischer gulden gabend und verschribend».[2]

Anshelm warf den Eidgenossen vor, im Unterschied zu König Ludwig und Herzog Maximilian keinen Nutzen aus ihrer militärischen Stärke – «des kriegs fürnemste hand und stand» – gezogen und sich nicht auf eine gemeinsame Politik verständigt zu haben. Sie hätten sich nicht der schutzlosen Freigrafschaft Burgund bemächtigt, sondern seien vielmehr von den dortigen Ständen angefleht worden, die Freigrafschaft zu befrieden und sie vor den Begehrlichkeiten des lothringischen und österreichischen Herzogs in Schutz zu nehmen. Diese Aufgabe habe die Eidgenossen – allen voran die Stadt Bern – nicht weniger Arbeit und Mühe gekostet als der Krieg.

Für den Chronisten war die Wiederherstellung von Frieden und Sicherheit eine ebenso aufwendige, anspruchsvolle Herausforderung wie die Bewährung im Krieg davor. Und doch haben sich die Historiker viel weniger für den Übergang vom Krieg zum Frieden interessiert als für den Krieg selber. Gegen eine einseitig kriegsgeschichtliche Betrachtung von Konflikten ist jedoch daran zu erinnern, dass Vermittler und Friedensdiplomaten für ein erfolgreiches Konfliktmanagement ebenso entscheidend waren und nach wie vor sind wie die Feldherren. Dies galt erst recht für die Orte der alten Eidgenossenschaft. Bubenberg, Diesbach und Waldmann waren nicht nur militärische Führer im Krieg, sondern zugleich als Schultheissen und Bürgermeister auch die grossen Aussenpolitiker und Diplomaten ihrer Städte. Deshalb soll Adrian von Bubenberg für einmal weder als Rivale Niklaus von Diesbachs in den Strategiedebatten des bernischen Rats vor dem Krieg noch als Verteidiger Murtens im Frühjahr 1476 betrachtet werden.[3] Stattdessen interessiert seine Rolle als Schultheiss und oberster Diplomat Berns im Friedensprozess nach den Burgunderkriegen.

2. Grandson, Murten, Nancy – und was dann?

Wenige Wochen nach der Schlacht von Murten tagte im August 1476 in Freiburg i.Üe. ein erster Friedenskongress, der die diplomatische Klärung der Lage im westlichen Mittelland herbeiführen sollte. Zur prominenten Delegation der Berner zählte neben Schultheiss Petermann von Wabern auch Adrian von Bubenberg.[4] Gesandte des Königs von Frankreich, Herzog Sigmunds von Österreich und Herzog Renés von Lothringen vermittelten einen Frieden zwischen den Eidgenossen und dem Haus Savoyen, das als Verbündeter Burgunds zu den Verlierern des Krieges gehörte. Die drei Mächte betrieben diese Friedensdiplomatie im Sommer 1476 nicht zuletzt im eigenen Interesse, denn noch war Karl der Kühne nicht entscheidend besiegt und René von Lothringen hatte sein von Karl besetztes Herzogtum noch nicht wiedererlangt. Wollte die antiburgundische Koalition weiterhin auf die militärische Unterstützung der Eidgenossen

Rechte Seite: Der burgundische Machtbereich. – *Aus: Stettler (wie Anm. 1), S. 235.*

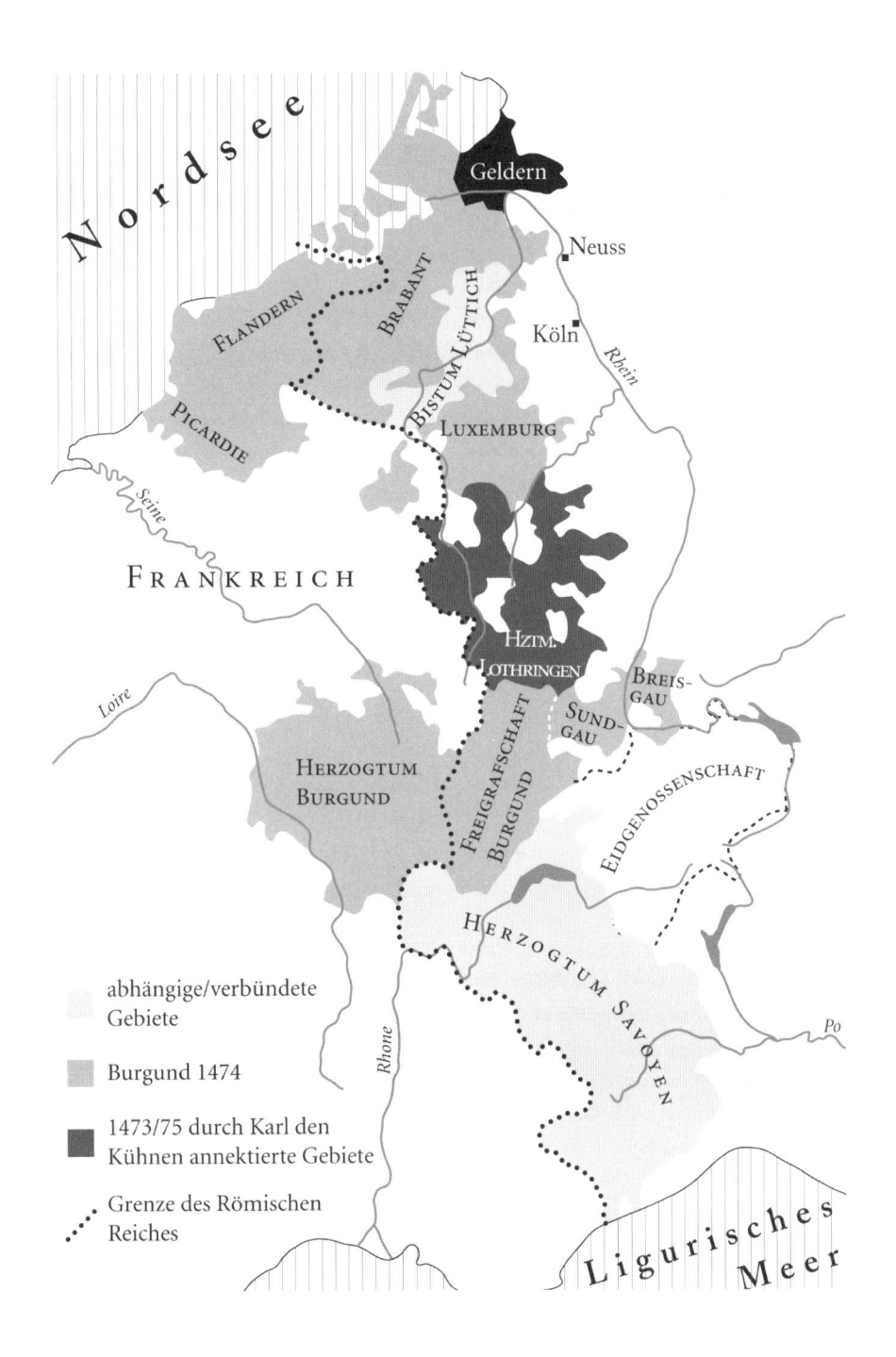

abhängige/verbündete Gebiete

Burgund 1474

1473/75 durch Karl den Kühnen annektierte Gebiete

Grenze des Römischen Reiches

zählen, musste zuerst das Verhältnis Berns und der Orte zu Savoyen befriedet werden. Die Beilegung der Konflikte gelang grösstenteils noch im selben Jahr (Rückgabe der Waadt, Verbleib des Unterwallis bei den Walliser Zenden) und fand im September 1477 mit der Entlassung Freiburgs aus dem savoyischen Machtbereich ihren Abschluss.[5]

Weitaus schwieriger als der Ausgleich mit Savoyen gestaltete sich die Herstellung der Nachkriegsordnung nach Nancy. War auch der Sieg bei Murten für die antiburgundische Koalition und insbesondere für die unmittelbar betroffenen Orte Bern und Freiburg eine wichtige militärische Entscheidung gewesen, so hatte doch im Juni 1476 niemand abzuschätzen vermocht, was dieser Sieg im Krieg gegen Burgund letztlich bedeuten würde. Der Tod des Burgunderherzogs hingegen schuf eine grundlegend neue Ausgangslage. Jetzt stand nicht mehr nur die Zukunft der savoyischen Waadt auf dem Spiel. Nun ging es um europäische Grossmachtpolitik. Das Verschwinden der burgundischen Dynastie schuf ein macht- und sicherheitspolitisches Vakuum. Sofort machte sich der Gegensatz der Interessen der Grossen bemerkbar, die soeben noch im Kampf gegen den gemeinsamen Gegner verbündet gewesen waren. Der Zusammenstoss von Frankreich und Habsburg um die Herrschaft über das Artois, die Picardie und die Freigrafschaft Burgund zeigte die neuen Risse in der europäischen Mächtetektonik. Das verhiess unsichere Zeiten, insbesondere für kleinere und mittlere Herrschaften, die in der neuen Mächtekonstellation zwischen die Fronten zu geraten drohten.

3. Probleme eidgenössischer Diplomatie

Frankreichs diplomatische Offensive
Die ungewisse Zukunft der Freigrafschaft Burgund in unmittelbarer Nachbarschaft zum eidgenössischen Machtbereich versetzte die eidgenössischen Orte in eine schwierige Lage. Rasch zeigten sich die Schwächen eidgenössischer Interessen- und Aussenpolitik. Gesandte der interessierten Mächte traten vor der Tagsatzung auf, um mit den Orten wegen der Freigrafschaft ins Gespräch und ins Geschäft zu kommen. Wer auch immer es damals auf die Freigrafschaft Burgund abgesehen hatte, kam um Verhandlungen mit den Eidgenossen nicht herum. Seit den Entscheidungen von Murten und Nancy behaupteten diese eine politische und militärische Vormachtstellung im burgundisch-eidgenössischen Raum.

Um die Orte für sich zu gewinnen oder sie zumindest zu neutralisieren, lancierten Frankreich und Burgund seit Februar 1477 eine diplomatische Offensive in der Eidgenossenschaft. Der französische König wollte sich die militärische Unterstützung der Orte sichern, um mit eidgenössischen Söldnern die bereits in Angriff genommene Eroberung der Freigrafschaft zu Ende zu führen und den Aufstand der dortigen Städte niederzuwerfen. Die Orte lehnten das Ansinnen vorerst mit der Begründung ab, sie hätten selber noch gar nicht Frieden mit Burgund geschlossen und könnten deshalb ihr Land nicht schutzlos zurücklassen.[6] Am 10. April 1477 machte der Gesandte Herzog Sigmunds von Österreich-Tirol der Tagsatzung ein Gegenangebot.[7] Am 14. April war es wiederum der französische König, der sein Angebot konkretisierte. Für die Unterstützung seiner Interessen in der Freigrafschaft Burgund bot er den Orten 100 000 Gulden und meinte, ein Zusammengehen mit Frankreich sei auch im Interesse der Orte selber, weil diese nichts davon hätten, wenn die Franche-Comté in die Hände des habsburgischen Kaisers beziehungsweise dessen Sohnes Maximilian fallen sollte. Es gelte zu verhindern, dass eine dritte Macht einen Riegel zwischen Frankreich und die Eidgenossen stosse, «damit wir bederseite dannenthin einandern nit me hilfflichen sin möchten».[8]

Verärgerung des französischen Königs
Die Meinungen der Orte zum französischen Angebot waren geteilt.[9] Zürich befand, die Franche-Comté sei zu abgelegen und das französische Angebot von 100 000 Gulden für den Verzicht auf die Grafschaft zu bescheiden. Bern wollte die Sache nicht übereilen, weil sie zu wichtig sei. Die Mehrheit der Orte (Luzern, Schwyz, Unterwalden, Zug, Freiburg, Solothurn) wollte in der Freigrafschaft lieber Frankreich als Habsburg zum Nachbarn haben und beim König möglichst viel für die Unterstützung der französischen Interessen herausschlagen. Uri schlug vor, die Freigrafschaft zu erobern, um damit die Ausgangslage für Verzichtsverhandlungen zu verbessern. Unter diesen Voraussetzungen erzielte Frankreich am 26. April 1477 einen wichtigen diplomatischen Zwischenerfolg. Die Orte überliessen Ludwig XI. die Freigrafschaft und verzichteten gegen 100 000 Gulden auf ihre Ansprüche. Zugleich sicherten sie Frankreich das Recht zu, 6000 Söldner in der Eidgenossenschaft anzuwerben.[10]

Nun setzte ein eigentlicher diplomatischer Poker um die Freigrafschaft ein. Die Orte traten nach der Vereinbarung mit dem französischen König erneut mit Gesandten von Maria von Burgund in Verhandlungen. Burgund bot den Eidgenossen für einen dauerhaften Frieden 150 000 Gulden sowie einen jährlichen

Tribut von 20 000 Gulden.[11] Das war mehr, als Frankreich geboten hatte. Verständlicherweise erregte das Vorgehen der Orte den Unwillen des französischen Königs, der sich darüber beschwerte, die Eidgenossen würden ihre Zusagen nicht einhalten.[12] Verärgert war Ludwig auch, weil ihm die Orte die vertraglich zugesicherten 6000 Söldner nicht zuziehen lassen wollten, obwohl seine Gesandten den Sold bereits in die Eidgenossenschaft gebracht hatten.[13] Französische Werber begannen in der Folge, unter den Augen der Tagsatzungsgesandten eigenmächtig Söldner anzuwerben.[14]

Nicht kontrollierbarer Gewaltmarkt
Offensichtlich hatten die Orte ihre Mannschaften nicht unter Kontrolle.[15] Seit dem Ende des Krieges mit Burgund mussten die eidgenössischen Obrigkeiten hilflos zuschauen, wie zahlreiche ihrer Krieger weiterhin den verfeindeten Kriegsparteien Frankreich und Burgund zuliefen und auch bei Androhung schwerer Strafen nicht heimkehrten.[16] Zu dieser Beobachtung passt die glaubwürdige Nachricht, dass in der Schlacht bei Murten zahlreiche eidgenössische Söldner aufseiten Burgunds gekämpft hatten.[17] In den Burgunderkriegen zeigten sich die Auswirkungen eines politisch nicht kontrollierbaren Gewaltmarkts, der zwischen der starken Nachfrage von Kriegsherren nach kampferprobten Söldnern und dem reichen Angebot an kriegsgewohnten, nicht eben zimperlichen Fusssoldaten aus dem nordalpinen Raum vermittelte. Dagegen waren die politischen Kräfte vorderhand machtlos.

In der Zwischenzeit hatten die Orte selber jeden Einfluss auf die Lage in der Freigrafschaft Burgund verloren. Französische Truppen warfen den Aufstand der dortigen Städte nieder und schenkten den Aufforderungen der Kantone zum Waffenstillstand in der Franche-Comté keinerlei Beachtung. Eidgenössische Reisläufer kämpften sowohl auf französischer wie auf burgundischer Seite. Schlimmer noch: Weil die burgundischen Kriegsherren den Söldnern den Sold schuldig blieben, drohten die Krieger mit der Plünderung der Stadt Salins. Solche Drohungen waren durchaus ernst zu nehmen, wie der in der Geschichtsschreibung als sogenannter «Saubannerzug» verharmloste Kriegszug der Innerschweizer Länder nach Genf eben erst im Januar und Februar 1477 gezeigt hatte.[18]

Die Tagsatzung hatte sich mit ihrem diplomatischen Doppelspiel gegenüber Frankreich und Burgund in eine missliche Lage manövriert. In dieser schwierigen Situation entsandte die Tagsatzung zwei hochkarätig besetzte Gesandtschaften zu den verfeindeten Parteien. Zu Maria von Burgund in den Niederlanden zogen der Zürcher Bürgermeister Heinrich Göldli und der Schwyzer

Landammann In der Halden. Zum französischen König schickte die Tagsatzung den Zürcher Ratsherrn und späteren Bürgermeister Hans Waldmann, den Berner Schultheissen Adrian von Bubenberg und den Urner Landammann Hans Imhof.[19] Sie sollten einen Waffenstillstand zwischen Frankreich und Burgund aushandeln und damit die Verhältnisse im Westen befrieden, und dies nicht zuletzt, weil für die Inneren Orte immer mehr die Auseinandersetzung mit Mailand um den Besitz der südalpinen Täler Priorität erhielt.[20]

Vorgeführte Gesandte
Allerdings war es nach all dem, was seit Nancy zwischen den Eidgenossen und dem König von Frankreich vorgefallen war, naiv von den Orten anzunehmen, Ludwig XI. würde mit den eidgenössischen Gesandten ernsthaft über einen Frieden in der Freigrafschaft oder sogar über einen Verzicht Frankreichs auf diese Herrschaft verhandeln wollen. Ernst Gagliardi hat die Gesandtschaft zu Ludwig XI. «in ihrem Zustandekommen wie in ihrem Verlauf [als] ein höchst bemerkenswertes Beispiel für die zerfahrene Hilflosigkeit der Eidgenossenschaft unmittelbar nach den grössten Siegen» qualifiziert.[21] Der König hat denn auch die Gesandten aus der Eidgenossenschaft im Herbst 1477 recht eigentlich vorgeführt. Mehr als einen Monat ritten sie hinter ihm her, ohne Audienz zu erhalten. Ludwig XI. liess die angesehensten Politiker der Eidgenossenschaft seinen Unmut darüber spüren, dass die Orte auf ihre Zusagen ihm gegenüber zurückgekommen waren. Er verfolgte gegenüber den Eidgenossen eine Doppelstrategie. Einerseits hielt er deren Gesandte hin, sodass das lange Ausbleiben der Magistratspersonen in Frankreich zu Hause Gerüchte über deren Misshandlung oder gar Tötung aufkommen liess. Als der König die Gesandten schliesslich anhörte, mussten diese feststellen, dass Ludwig über Vertrauensleute bestens über die Interessenlage in der Eidgenossenschaft Bescheid wusste.[22] Andererseits liess der König der Tagsatzung neue Angebote unterbreiten. Er erhöhte seine Abfindungszahlung, sodass Frankreich nun 40 000 Gulden mehr bot als Burgund, und er stellte selbst die Teilung der Franche-Comté zwischen Frankreich und den Orten in Aussicht, falls diese doch lieber Land als Geld haben wollten.[23]

In dieser neuen Verhandlungsrunde operierte Ludwig XI. geschickt mit einem Unterhändler, der auch das Vertrauen der Orte genoss. Jost von Silenen, Propst von Beromünster und Koadjutor des Bistums Grenoble, kannte sich in den Beziehungen zwischen Frankreich und den Eidgenossen bestens aus.[24] Schon 1472 hatte er Niklaus von Diesbach an den französischen Hof begleitet, als der französische König in die Pläne für die «Ewige Richtung», das heisst für einen Ausgleich zwischen den Eidgenossen und Habsburg-Österreich, eingeweiht werden sollte. Silenen war damals am französischen Hof geblieben und hatte in Absprache mit Diesbach das Zustandekommen der antiburgundischen Allianz betrieben. Als weltgewandter und gebildeter Kirchenmann mit guten Beziehungen sowohl zu den Orten wie zu König Ludwig trat Jost von Silenen – der spätere Bischof von Sitten (1482) – als glaubwürdiger Vermittler gegenüber beiden Seiten auf, sodass er den gestörten Dialog zwischen den Orten und Frankreich wieder in Gang zu bringen vermochte.

In Sorge um das Wohl ihrer Gesandten, die schon seit Wochen in Frankreich hingehalten wurden und keinen Abschied vom König erhielten, forderten die eidgenössischen Obrigkeiten diese immer eindringlicher zur Rückkehr auf.[25] Ganz und gar undiplomatisch und ohne vom König offiziell Abschied genommen zu haben, verliess Adrian von Bubenberg schliesslich heimlich und als Geiger verkleidet den französischen Hof, um vor den Nachstellungen des Königs sicher nach Bern zurückzukehren.[26]

Die herablassende Behandlung der Gesandten in Frankreich war mit ein Grund, weshalb sich die Haltung der eidgenössischen Machtelite bezüglich der Freigrafschaft im Herbst 1477 wieder der habsburgisch-burgundischen Seite zuneigte. Diese hatte ihr Verhandlungsangebot in den Augen der Orte substanziell verbessert, nachdem Gesandte des Kaisers und Erzherzog Maximilians das Projekt einer ewigen, das heisst unbefristeten, Vereinung zwischen den Eidgenossen und Maximilian zur Sprache gebracht hatten. Eine solche grundsätzliche Bereinigung der gegenseitigen Beziehungen bestand seit der «Ewigen Richtung» von 1474 vorerst nur mit Maximilians Verwandten Herzog Sigmund, der sie am 13. Oktober 1477 erneuert hatte.[27] Dies konnten die Orte unter die diplomatischen Gewinne der Burgunderkriege verbuchen. Mit Maximilian aber bot kein geringerer als der mutmassliche künftige König und Kaiser den Orten die dauerhafte Befriedung der historisch belasteten Beziehungen zu Habsburg-Österreich an. Im Gegenzug sollten die Eidgenossen Maximilian im Besitz seiner burgundischen Lande schützen.[28]

Folgen des Friedens
Tatsächlich entschieden sich die Orte auf einer grossen Tagsatzung in Zürich im Januar 1478 schliesslich zugunsten Marias von Burgund und ihres Gemahls Maximilian. Gemeinsam mit den übrigen Angehörigen der antiburgundischen Allianz schlossen sie Frieden mit Maximilian und Maria und verzichteten damit faktisch auf ihre Ansprüche auf die Freigrafschaft Burgund. Im Gegenzug

sollte die antiburgundische Allianz mit 150 000 Gulden für ihre Kriegskosten entschädigt werden.[29] Da der Solothurner Stadtschreiber Hans vom Stall noch am 14. Januar 1478 nach Solothurn berichtete, Bern sei mit seiner proburgundischen Haltung noch ziemlich isoliert, während die meisten Orte entweder zum König von Frankreich hielten oder zwischen den beiden Mächten vermitteln wollten,[30] muss es der bernischen Diplomatie bis zum 24. Januar – mit welchen Mitteln und Argumenten ist nicht bekannt – gelungen sein, die profranzösischen Orte umzustimmen und sie – mit Ausnahme Luzerns – für den Friedensvertrag mit Maria und Maximilian zu gewinnen.

Was waren die Folgen des Friedens von Zürich? Aus der Sicht der Orte klärte der Frieden mit den Nachfolgern Karls des Kühnen die Beziehungen zu Habsburg-Burgund. Ganz anders präsentierte sich die Situation aus der Sicht der Freigrafschaft Burgund selber. Der Zürcher Frieden brachte dem Land keine Entlastung. Ludwig von Frankreich fühlte sich durch die Einigung zwischen den Eidgenossen und Maria von Burgund beziehungsweise Maximilian in seinen Ansprüchen auf die Freigrafschaft keineswegs eingeschränkt – im Gegenteil.[31] Der Krieg zwischen Ludwig und Maximilian entbrannte erneut und stürzte die Bevölkerung in der Franche-Comté ins Elend. Eidgenössische Söldner zogen aufseiten Frankreichs in den Krieg, obwohl deren Obrigkeiten gerade mit Maria und Maximilian als rechtmässigen Herren der Freigrafschaft Frieden geschlossen hatten.

Aber es kam für die Freigrafschaft noch schlimmer: Wer wollte sich darüber wundern, dass die Freigrafschaft nicht in der Lage war, die den Orten im Frieden von Zürich versprochene Kriegsentschädigung von 150 000 Gulden zu bezahlen?[32] Ludwig von Frankreich erkannte rasch die Gunst der Stunde und bot den Orten an, mit ihnen das Land zu teilen oder ihnen die ausstehenden 150 000 Gulden zu bezahlen, falls die Eidgenossen ihm doch noch die früher zugesagten 6000 Söldner stellen würden. Das französische Angebot erschien den Orten nun wiederum sehr verlockend. Sie wollten sich in recht scheinheiliger Manier darüber beraten, ob sie denn mit Burgund im Krieg oder im Frieden stünden, da doch die Burgunder ihre finanziellen Zusagen nicht eingehalten hätten.[33] Am 9. September 1479 – und damit wohl nicht zufällig nur wenige Wochen nach dem Tod des frankreichkritischen Schultheissen Bubenberg – willigten sie in den Handel mit Frankreich ein: Ludwig XI. versprach den Eidgenossen die Zahlung der 150 000 Gulden aus dem Vertrag mit Maria und Maximilian und wurde damit von diesen faktisch als neuer Herr über die Freigrafschaft Burgund anerkannt.[34] Das weitere Schicksal der Freigrafschaft Burgund blieb vom Gegensatz zwischen Frankreich und Habsburg geprägt. Sie gelangte nach einem weiteren Krieg schon 1493 wieder an Maximilian von Österreich und verblieb in der Folge bis 1678 im Besitz der Habsburger. Erst mit der französischen Besetzung der Franche-Comté durch Ludwig XIV. 1678 sollte eine dauerhafte gemeinsame Grenze zwischen der Schweiz und Frankreich entstehen.

4. Fazit: Militärische Macht und diplomatische Ohnmacht der Eidgenossen

Welche Schlüsse lassen diese Beobachtungen zur Rolle der Orte im Friedensprozess nach den Burgunderkriegen zu? Die Orte wurden bald nach ihren militärischen Erfolgen diplomatisch handlungsunfähig und politisch marginalisiert. Sie vermochten ihr militärisches Gewaltpotenzial nicht politisch umzusetzen. Sie konnten sich nicht darauf verständigen, in der Waadt und in der Freigrafschaft eigene territoriale Interessen zu verfolgen – hauptsächlich aus Furcht vor einer Stärkung der Macht Berns. Ebenso wenig gelang es ihnen, ihre nach Murten erlangte Stellung als regionale Militärmacht in eine konsistente Politik gegenüber den interessierten Mächten in der Nachbarschaft und insbesondere in der Freigrafschaft Burgund umzumünzen.[35]

Äussere Umstände
Diese Beobachtungen bestätigen die Tatsache, dass die Schlachten bei Murten und Grandson letztlich Ausnahmeereignisse gewesen waren. Ein gewiefter Diplomat wie Niklaus von Diesbach hatte im Vorfeld der Burgunderkriege die Gunst der Stunde genutzt und die gemeinsame Gegnerschaft gegen Burgund für den politischen Ausgleich zwischen Habsburg und den Eidgenossen genutzt (Ewige Richtung 1474). Im Anschluss daran war es der bernischen Diplomatie auch gelungen, das kriegerische Potenzial der verbündeten eidgenössischen Orte für die gezielt angestrebte militärische Konfrontation mit Karl dem Kühnen zu mobilisieren. Äussere Umstände und nicht etwa innere Geschlossenheit hatten die Handlungsfähigkeit der Orte gewährleistet.

Nach dem Krieg brachen mit dem Wegfall des gemeinsamen Feindes die alten sicherheits- und bündnispolitischen Interessengegensätze zwischen den Orten wieder auf. Kaum war der Krieg gegen Burgund beendet, stürzten die Orte mit dem «Saubannerzug», Amstaldenhandel und Burgrechtsstreit zwischen 1477 und 1481 in eine der bisher schwersten Krisen ihres Bündnissystems, die erst 1481 mit dem Stanser Verkommnis beigelegt werden konnte.[36]

Spannungsverhältnis
Für eine angemessene Bewertung des politisch-diplomatischen Agierens der Orte im Friedensprozess von 1477/78 sollten nicht die Urteile der vaterländisch-patriotischen Geschichtsschreibung des 19. und frühen 20. Jahrhunderts bemüht werden.[37] Unhistorisch wäre es, das Unvermögen der Orte zum geschlossenen Handeln im Interesse der nationalen Ehre zu beklagen. Ebenso anachronistisch wäre die Klage, die Orte hätten damals die Chance vertan, die Schweiz territorial nach Westen hin zu erweitern und aus der Freigrafschaft eine Gemeine Herrschaft zu machen. Solche Urteile unterstellen die Existenz einer schweizerischen Nation und eines eidgenössischen Nationalwillens, die so damals nicht existierten. Stattdessen sollte das Agieren der Orte in die strukturellen Rahmenbedingungen der Zeit eingeordnet werden.[38] In den Burgunderkriegen manifestierte sich erstmals auf der europäischen Bühne die militärische Stärke dieses kommunalistisch-föderalen Gebildes Eidgenossenschaft. Nach den Kriegen traten aber ebenso rasch die inneren Schwächen der Eidgenossenschaft zu Tage. Der unglückliche Friedensprozess von 1477/78 vermittelte den Orten erstmals jene Erfahrung, die fortan bis zum Ende der Mailänderkriege 1515 ihr Geschick bestimmen sollte – sie bekamen das Spannungsverhältnis zwischen ihrer militärischen Macht und ihrer politisch-diplomatischen Ohnmacht zu spüren.

Wendepunkt
Die Burgunderkriege markierten in dieser Hinsicht einen Wendepunkt:[39] Die Orte blieben seit ihrer kriegerischen Bewährungsprobe gegen Karl mit der grossen Politik der europäischen Mächte verflochten, und dies aus zwei Gründen: Zum einen wegen ihrer geostrategischen Lage an der Nahtstelle grosser Konfliktzonen der europäischen Mächtepolitik, zum andern weil fortan die Interessen der eidgenössischen Machteliten untrennbar mit der Politik der Grossmächte verknüpft waren. Kein Ort mochte fortan auf die verlockenden Pensionen verzichten, welche die europäischen Mächte für die Vermittlung von Söldnern und für politische Dienste zu zahlen bereit waren und die den Staatssäckel ebenso wie die Taschen der Ratsherren füllten. Zugleich aber erwies sich die aussenpolitische Schwäche dieses Bündnisgeflechts autonomer Gemeinden, welche zwar ein enormes Gewaltpotenzial zu mobilisieren vermochten, dieses aber aussenpolitisch nicht unter ihre Kontrolle brachten.

Aus der Erfahrung der Burgunderkriege und der darauffolgenden Mailänderkriege entwickelte sich bis ins frühe 16. Jahrhundert ein Konzept für die Gestaltung der Aussenbeziehungen, welches die militärische Macht und die aussenpolitische Ohnmacht der Orte unter einen Hut zu bringen versuchte. Es handelte sich um das aussen- und sicherheitspolitische Dispositiv der Allianzen und Solddienste. Dieses stellte das kriegerische Potenzial der männlichen Bevölkerung den benachbarten Grossmächten zur Verfügung und kanalisierte es damit so gut als möglich. Dieses Angebot war notwendig mit dem stillschweigenden Eingeständnis der eigenen aussenpolitischen Schwäche verbunden und mit der Selbstverpflichtung der Orte auf eine Strategie des sogenannten Stillesitzens. Verflechtung und Abseitsstehen hiess fortan bis ins frühe 19. Jahrhundert die Losung für die Gestaltung der Aussenbeziehungen der Orte: Man machte sich bei den Grossmächten mit Allianzen und mit der Lieferung von Söldnern sicherheits- und machtpolitisch unentbehrlich, verzichtete aber im eigenen Interesse auf eine eigenständige Aussenpolitik und fand sich mit der eigenen Handlungsunfähigkeit ab.

Abkürzungen

HLS   Historisches Lexikon der Schweiz
EA   Eidgenössische Abschiede

Anmerkungen

[1] Zu den Burgunderkriegen siehe Sieber-Lehmann, Claudius: Artikel Burgunderkriege. In: HLS, Bd. 3. Basel 2004, 114–116; zudem Gasser, Adolf: Ewige Richtung und Burgunder Kriege. In: Ders.: Ausgewählte historische Schriften 1933–1983. Basel, Frankfurt a.M. 1983 (Basler Beiträge zur Geschichtswissenschaft, Bd. 148), 269–320; Bartlome, Vinzenz: Niklaus von Diesbach und Adrian von Bubenberg. Berns innenpolitische Situation im Vorfeld der Burgunderkriege. Seminararbeit am Historischen Institut der Universität Bern, 1987 (Ms.); Esch, Arnold: Alltag der Entscheidung. Berns Weg in den Burgunderkrieg. In: Ders.: Alltag der Entscheidung. Beiträge zur Geschichte der Schweiz an der Wende vom Mittelalter zur Neuzeit. Festgabe zum 60. Geburtstag von Arnold Esch. Bern u.a. 1998, 9–86; Stettler, Bernhard: Die Eidgenossenschaft im 15. Jahrhundert. Die Suche nach einem gemeinsamen Nenner. Zürich 2004, 233–256. – Für Recherchen zu diesem Beitrag danke ich meinem Mitarbeiter Lorenz Schläfli bestens.

[2] Anshelm, Valerius: Die Berner-Chronik, Bd. 1. Bern 1884, 101f. – Zu Anshelms Bewertung der Burgunderkriege siehe Zahnd, Urs Martin: «Wir sind willens ein kronik beschriben ze lassen». Bernische Geschichtsschreibung im 16. und 17. Jahrhundert. In: Berner Zeitschrift für Geschichte und Heimatkunde 67 (2003), 37–61, hier 49–52.

[3] Bartlome (wie Anm. 1); Esch (wie Anm. 1).

[4] Amtliche Sammlung der ältern Eidgenössischen Abschiede, Bd. II. Bearbeitet von Anton Philipp Segesser. Luzern 1863, Nr. 844 (Freiburg, 25.7.–12.8.1476); Stettler (wie Anm. 1), 253f.

[5] EA II, Nr. 913 und Beilage 65, 942f. (Turin, 10.9.1477).

6 Maag, Rudolf: Die Freigrafschaft Burgund und ihre Beziehungen zu der schweizerischen Eidgenossenschaft vom Tode Karls des Kühnen bis zum Frieden von Nymwegen (1477–1678). Zürich 1891, 4. – EA II, Nr. 871 b (Luzern, 11.2.1477); EA II, Nr. 873 d (Luzern, 21.2.1477); EA II, Nr. 876 (Bern, 7.3.1477); EA II, Nr. 883 h (Luzern, 14.4.1477).

7 EA II, Nr. 882, 665f. (Luzern, 10.4.1477).

8 EA II, Nr. 883 h (Luzern, 14.4.1477).

9 EA II, Nr. 885 c (Luzern, 25.4.1477).

10 EA II, Nr. 885 f (Luzern, 25.4.1477); der Vertrag ebenda Beilage 60, 926–929.

11 EA II, Nr. 892 cc, ee (Luzern, 27.5.1477).

12 EA II, Nr. 900 h (Luzern, 9.7.1477); EA II, Nr. 904 m (Zürich, 27.–31.7.1477).

13 EA II, Nr. 900 h (Luzern, 9.7.1477).

14 EA II, Nr. 904 g (Zürich, 27.–31.7.1477).

15 Stettler (wie Anm. 1), 262–272.

16 EA II, Nr. 890 e (Luzern, 16.5.1477); EA II, Nr. 892 aa (Luzern, 27.5.1477); EA II, 681 (7.6.1477); EA II, Nr. 895 g (Luzern, 11.6.1477); EA II, Nr. 899 h (Luzern, 2.7.1477); EA II, Nr. 914 d (Luzern, 10.9.1477).

17 Gagliardi, Ernst (Hrsg.): Dokumente zur Geschichte des Bürgermeisters Hans Waldmann. Bd. 1: Hans Waldmann und die Eidgenossenschaft des 15. Jahrhunderts. Akten bis zum Auflauf von 1489 (exklusive). Basel 1911 (Quellen zur Schweizer Geschichte. Neue Folge. Abteilung 2, Akten, Bd. 1), XXX, 169f.

18 Walder, Ernst: Das Stanser Verkommnis. Ein Kapitel eidgenössischer Geschichte neu untersucht: Die Entstehung des Verkommnisses von Stans in den Jahren 1477 bis 1481. Stans 1994 (Beiträge zur Geschichte Nidwaldens, Bd. 44); Würgler, Andreas: Vom Kolbenbanner zum Saubanner. Die historiographische Entpolitisierung einer Protestaktion aus der spätmittelalterlichen Eidgenossenschaft. In: Blickle, Peter; Adam, Thomas (Hrsg.): Bundschuh. Untergrombach 1502, das unruhige Reich und die Revolutionierbarkeit Europas. Stuttgart 2004, 195–215; Holenstein, André: Heldensieg und Sündenfall. Der Sieg über Karl den Kühnen in der kollektiven Erinnerung der Eidgenossen. In: Oschema, Klaus; Schwinges, Rainer Ch. (Hrsg.): Karl der Kühne von Burgund. Fürst zwischen europäischem Adel und der Eidgenossenschaft. Zürich 2010, 327–342.

19 Gagliardi (wie Anm. 17).

20 Stadler, Hans: Artikel Ennetbirgische Feldzüge. In: HLS, Bd. 4. Basel 2005, 221f.

21 Gagliardi (wie Anm. 17), XL.

22 Ebenda, XLIV, 195.

23 Maag (wie Anm. 6), 17. – EA II, Nr. 910 (Bern, 21./22.8.1477); EA II, Nr. 914 i (Luzern, 10.9.1477); EA II, Nr. 917 i (Zürich, 16.10.1477).

24 Kalbermatter, Philipp: Artikel Jost von Silenen. In: HLS, Bd. 11. Basel 2012 (www.dhs.ch; Zugriff: 21.11.2011).

25 Gagliardi (wie Anm. 17), 197 (Bern, 16.10.1477), 198f. (Bern, 27.10.1477), 199f. (Bern, 1.11.1477).

26 Ebenda, 201f. (Bern, 7.11.1477). – Siehe auch Jucker, Michael: Innen- oder Aussenpolitik? Eidgenössisches Gesandtschaftswesen zur Zeit der Burgunderkriege am Beispiel Hans Waldmanns und Adrians von Bubenberg. In: Dünnebeil, Sonja; Ottner, Christine (Hrsg.): Aussenpolitisches Handeln im ausgehenden Mittelalter: Akteure und Ziele. Wien u.a. 2007 (Forschungen zur Kaiser- und Papstgeschichte des Mittelalters, Bd. 27), 239–258.

27 Am 13.10.1477 schlossen Zürich, Bern, Luzern, Uri und Solothurn eine ewige Vereinigung mit Herzog Sigmund [EA II, Nr. 916], der am 26.1.1478 auch Schwyz, Unterwalden, Zug und Glarus beitraten [EA III, Nr. 2].

28 EA II, Nr. 917 k (Zürich, 16.10.1477).

29 Amtliche Sammlung der ältern Eidgenössischen Abschiede, Bd. III.1. Bearbeitet von Anton Philipp Segesser. Zürich 1858, Nr. 1 p, q (Zürich, 6.–28.1.1478). Die Verträge als Beilagen 1 und 2 ebenda, 661–663 und 663f.

30 Solothurnisches Wochenblatt, Nr. 18, 1.5.1819, 164f.

31 Maag (wie Anm. 6), 23–36.

32 EA III.1, Nr. 23 p (Luzern, 31.10.1478); EA III.1, Nr. 40 i (Zürich, 31.5.–4.6.1479).

33 EA III.1, Nr. 30 n, o (Luzern, 10.2.1479); EA III.1, Nr. 31 p, v (Luzern, 25.2.1479); EA III.1, Nr. 43 g (Bern, 24.6.1479); EA III.1, Nr. 44 m (Luzern, 12.7.1479); EA III.1, Nr. 48 l (Luzern, 24.8.1479).

34 EA III.1, Nr. 49 m (Luzern, 9.9.1479).

35 Stettler (wie Anm. 1), 254–256.

36 Walder (wie Anm. 18).

37 Gagliardi (wie Anm. 17), XXXII, XXXIVf.

38 So schon Gagliardi (wie Anm. 17), XLVI; Gasser (wie Anm. 1), 317–320; Stettler (wie Anm. 1), 254–256.

39 Zur Verarbeitung der Burgunderkriege im mentalen und kulturellen Selbstverständnis der Eidgenossen siehe Holenstein (wie Anm. 18).

Die Familie von Bubenberg

Barbara Studer Immenhauser

In Schweizer Städten ist es seit vielen Jahrzehnten üblich, Wege, Strassen und Plätze nach berühmten Persönlichkeiten oder Familien zu benennen. So kann man etwa in Solothurn am Vom-Staal-Weg wohnen, in Dübendorf an der Immenhauserstrasse ein Büro betreiben oder in Bern am Schiferliweg ein Haus besitzen. Dass auch Schiffe, Kinos, Einkaufszentren, Arztpraxen oder sogar eine politische Gruppierung[1] nach einer Familie benannt werden, ist hingegen sehr aussergewöhnlich. Die Familie von Bubenberg, die vor beinahe einem halben Jahrtausend erloschen ist, hat in Bern denn zweifellos auch eine Sonderstellung. Sie gehört bis heute zu den berühmtesten Berner Geschlechtern.[2] Viele ihrer Mitglieder sind nicht nur Fachleuten bekannt, sondern auch breiten Bevölkerungskreisen ein Begriff.

Der Mythos der Familie von Bubenberg rührt einerseits daher, dass sie nachweislich zu den ältesten adligen Familien in Bern gehörte.[3] Vom 13. Jahrhundert bis zum Ende des 15. Jahrhunderts war sie in Bern immer die führende Adelsfamilie gewesen. Andererseits dürfte ausschlaggebend für ihre grosse Bekanntheit sein, dass sie innerhalb von nur wenigen Generationen immer wieder einflussreiche Persönlichkeiten hervorbrachte, die die Geschicke der noch jungen Stadt Bern nachhaltig beeinflussten. Sie hielt auch in Krisenzeiten immer zur Stadt Bern und stellte insgesamt elf Schultheissen sowie zwei Deutschordenkomture in Köniz und Sumiswald.[4]

Die Ursprünge der Familie

Die Ursprünge der Familie sind nicht bekannt. Es ist jedoch anzunehmen, dass die Bubenberg zusammen mit den Herzögen von Zähringen, deren Lehensmänner sie waren, ins Bernbiet gelangten.[5] Gemäss dem Chronisten Conrad Justinger wurde ein Mitglied der Familie von Herzog Berchtold V. 1191 mit dem Bau der Stadt beauftragt.[6] Nachdem seine Jäger Berchtold mitgeteilt hatten, dass «die hofstat genempt im sack, da nideg sin burg lag», die geeignetste Stelle zur Gründung einer Stadt sei, begutachtete er diese «und bevalh daz einem von bubenberg». Einen Vornamen dieses Herrn von Bubenberg erwähnt Justinger nicht. Diese Ungenauigkeit, zusammen mit der mythologischen Überhöhung der Familie, führt seit Jahrhunderten zu teilweise wilden Spekulationen über ihre Herkunft.[7] Bereits in der Mitte des 18. Jahrhunderts wurde erstmals die Vermutung geäussert, dass der erste Bubenberg mit Cuno von Jegenstorf identisch gewesen sein könnte. Es wurde argumentiert, die Analogie der Vornamen deute darauf hin, dass die Bubenberg aus den Herren von Jegenstorf, die schon um 1130 als zähringisches Ministerialengeschlecht bezeugt sind, hervorgegangen sein könnten.[8] Darauf deute im Übrigen auch die Analogie der Wappen hin, führten doch beide Familien einen Stern im Schild. In neuerer Zeit hat sich der Genealoge Robert Oehler intensiv mit der Abstammung der Familie von Bubenberg befasst.[9] Er kommt gar zum Schluss, dass das Prädikat «sagenhaft» für Cuno, den mutmasslichen Stammvater, getrost durch «höchst wahrscheinlich» ersetzt werden dürfe.[10] Auch er ist der Meinung, der in den Quellen 1225/26 als Schultheiss von Bern genannte Cuno könnte identisch sein mit dem Stadtgründer Berns. Sein am 3. September 1226 erwähnter Sohn sei demnach mit grosser Wahrscheinlichkeit derselbe Peter, der von 1235 bis 1241 als Schultheiss ohne Beinamen und danach als Peter von Bubenberg genannt wird.

Die Quellenlage ist zu unsicher, als dass es jemals möglich sein dürfte, diese Rückschlüsse zu verifizieren respektive zu falsifizieren. Die Frage nach der Herkunft der Bubenberg wird mit grösster Wahrscheinlichkeit immer unklar bleiben. Sicher ist einzig, dass die Familie zum Adel im Umfeld der Zähringer gehörte und bereits bei der Stadtgründung eine wichtige Rolle spielte. Dafür spricht nicht zuletzt der Umstand, dass die Familie von Bubenberg im Besitz eines grossen Sässhauses war, das sich an der Stelle des heutigen Erlacherhofes befand, und damit einen direkten und uneingeschränkten Zugang zum wirtschaftlich wichtigen Mattequartier besass. Die neueste Forschung vertritt die These, dass Bern einerseits als militärischer Stützpunkt zwischen Freiburg i.Üe. und Burgdorf, andererseits aber vor allem auch als «Wirtschaftszentrum» gegründet worden sei.[11] Ausschlaggebend dafür, dass die Stadt an dieser Stelle und nicht auf der Engehalbinsel, wo eine Vorgängersiedlung bestanden hatte, entstanden sei, könnte die topografische Situation bei der Schwelle im Gebiet der heutigen Matte gewesen sein.[12] Der Zähringerherzog soll demnach erkannt haben, dass sich an der Stelle, an der noch heute die Schwelle steht – es befindet sich dort eine natürliche Stufe –, ein Wehr erbauen liess, das das Wasser kanalisierte und damit nutzbar machte. Dadurch entstand eine für die Gründungsstadt im Prinzip überdimensionierte Gewerbesiedlung. Die Siedlung, die Schwelle, die hier angesiedelten Mühlen sowie die Fischenzen waren Reichsgut, das den Bubenberg seit dem 13. Jahrhundert verliehen war.[13] Sie konnten den Stadtteil, der auch eigenes Recht besass und erst 1360 der restlichen Stadt gleichgestellt wurde,[14] jederzeit direkt durch das sogenannte Bubenbergtor von ihrem Sässhaus aus erreichen.

Rechte Seite: Stammbaum der Familie Bubenberg nach Specker, Oehler, Gerber (wie Anm. 2).

Cuno I.
«Der Sagenhafte»

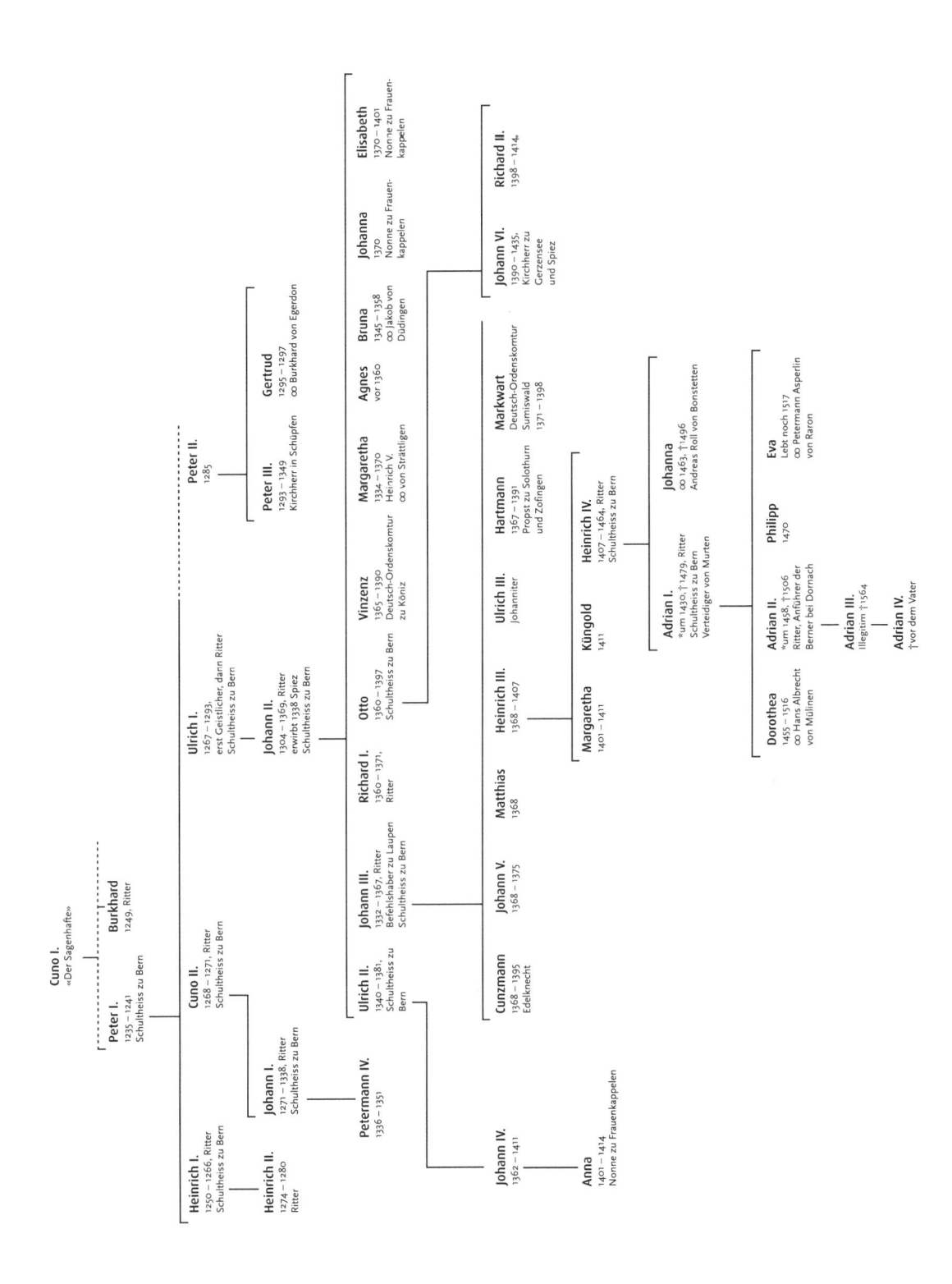

Peter I.
1235–1241
Schultheiss zu Bern

Burkhard
1249, Ritter

Cuno II.
1268–1271, Ritter
Schultheiss zu Bern

Johann I.
1271–1338, Ritter
Schultheiss zu Bern

Ulrich I.
1267–1293,
erst Geistlicher, dann Ritter
Schultheiss zu Bern

Peter II.
1285

Heinrich I.
1250–1266, Ritter
Schultheiss zu Bern

Heinrich II.
1274–1280
Ritter

Johann II.
1304–1369, Ritter
erwirbt 1338 Spiez
Schultheiss zu Bern

Peter III.
1293–1297
Kirchherr in Schupfen

Gertrud
1295–1297
∞ Burkhard von Egerdon

Petermann IV.
1336–1351

Ulrich II.
1340–1381,
Schultheiss zu
Bern

Johann III.
1332–1367, Ritter
Befehlshaber zu Laupen
Schultheiss zu Bern

Richard I.
1360–1371,
Ritter

Otto
1360–1397,
Schultheiss zu Bern

Vinzenz
1361–1390
Deutsch-Ordenskomtur
zu Köniz

Margaretha
1334–1370
Heinrich V.
∞ von Strattligen

Agnes
vor 1360

Bruna
1345–1358
∞ Jakob von
Düdingen

Elisabeth
1370–1401
Nonne zu Frauen-
kappelen

Johann IV.
1362–1411

Cunzmann
1368–1395
Edelknecht

Johann V.
1368–1375

Matthias
1368

Heinrich III.
1368–1407

Ulrich III.
Johanniter

Hartmann
1367–1391
Propst zu Solothurn
und Zofingen

Markwart
Deutsch-Ordenskomtur
Sumiswald
1371–1398

Johanna
1370
Nonne zu Frauen-
kappelen

Johann VI.
1390–1435,
Kirchherr zu
Gerzensee
und Spiez

Richard II.
1398–1414,

Anna
1401–1414
Nonne zu Frauenkappelen

Margaretha
1401–1411

Küngold
1411

Heinrich IV.
1407–1464, Ritter
Schultheiss zu Bern

Adrian I.
*um 1430, †1479, Ritter
Schultheiss zu Bern
Verteidiger von Murten

Johanna
∞ 1463, †1496
Andreas Roll von Bonstetten

Dorothea
1455–1516
∞ Hans Albrecht
von Mülinen

Adrian II.
*um 1458, †1506
Ritter, Anführer der
Berner bei Dornach

Philipp
1470

Eva
Lebt noch 1517
∞ Petermann Asperlin
von Raron

Adrian III.
Illegitim †1564

Adrian IV.
†vor dem Vater

Studer Immenhauser: Familie von Bubenberg

Ebenso unklar wie die Herkunft der Familie ist bis heute die Frage, wo sich die Stammburg der Familie befunden hat. Sicher im Besitz der Familie war die sogenannte Burg Alt-Bubenberg. Sie befand sich in der heutigen Gemeinde Frauenkappelen, am Hang zwischen Frauenkappelen und der Wohlei. Sie wird in einer Urkunde des Bischofs von Lausanne vom 5. Mai 1241 als «castrum suum de Buobenberch» erstmals erwähnt.[15] Rund 100 Jahre später wird eine zweite Burg im Besitz der Bubenberg genannt: Neu-Bubenberg in der Nähe von Schliern, in der heutigen Gemeinde Köniz. Von hier kehrte Johann II. 1364 in die Stadt zurück, nachdem der Rat ihn 14 Jahre zuvor zugunsten von Peter von Balm als Schultheissen abgesetzt hatte.[16]

Die Familie von Bubenberg im 13. Jahrhundert

Die Familie von Bubenberg hatte im 13. Jahrhundert den Anspruch, das führende Geschlecht in Bern zu sein.[17] Dies bewahrte ihre Mitglieder aber nicht davor, dass sie sich seit dem 13. Jahrhundert immer wieder gegen neue, aufstrebende Geschlechter verteidigen mussten. Neue Adelsgeschlechter zogen in die Stadt, und es gelang ihnen, sich an der Regierung der Stadt zu beteiligen. Zu Reichtum und Ansehen gelangte Familien schafften es, in den Adelsstand aufzusteigen und den alteingesessenen Geschlechtern Konkurrenz zu machen. Trotzdem glückte es der Familie von Bubenberg, in den ersten 100 Jahren nach der Gründung der Stadt mindestens vier Schultheissen[18] zu stellen.[19] Der erste mit Sicherheit aus der Familie von Bubenberg stammende Berner Schultheiss war Peter I. Erstmals wird er 1235 in dieser Funktion in den Quellen genannt.[20] Als Besitzer der Burg Alt-Bubenberg erscheint er am 5. Mai 1241.[21] Diese soll er gemäss Hermann Specker in den 1220er-Jahren als Rodungsburg errichtet und gleichzeitig eine kleine Herrschaft aufgebaut haben. Specker meint, dass es mehrfach belegt sei, dass eine adlige Familie mit dem Bau einer Burg und der Errichtung einer Herrschaft ihren Namen geändert und sich fortan nach dem neuen Besitz genannt habe. Er hält deshalb die These, dass Peter I. aus der Familie von Jegenstorf stammte, für sehr wahrscheinlich.[22] Da Peter königstreu war und Beziehungen zum Kaiser und dessen Sohn unterhielt, dürfte es in seinem Sinn gewesen sein, als Heinrich (VII.) 1226 das Patronat der Kirche Köniz, zu der Bern damals ja noch als Filiale gehörte, dem Deutschen Orden schenkte.[23] Nicht nur die Augustiner-Chorherren, denen die Grosspfarrei bis 1226 gehört hatte, widersetzten sich aber diesem Entscheid, sondern auch Bischof Bonifatius von Lausanne. Es gelang ihm vorerst, die Schenkung hinaus-

Ruine der Burg Alt-Bubenberg bei Frauenkappelen.
– *Foto Barbara Studer Immenhauser.*

zuzögern. Nach verschiedenen Auseinandersetzungen, Vermittlungsversuchen und Gerichtsurteilen verübte schliesslich der amtierende Schultheiss Peter von Bubenberg einen Überfall auf den Bischof, verletzte ihn schwer und raubte ihm seine Kleider und sein Pferd. Dieser begab sich nach Rom und erreichte, dass Peter exkommuniziert wurde. Eine Stellungnahme des Papstes zu seinen Gunsten bekam er allerdings nicht, da inzwischen der Konflikt zwischen Kaiser Friedrich II. und Papst Gregor IX. eskaliert war. Bonifatius' Nachfolger Johannes von Cossonay schloss gleich nach seiner Wahl 1241 Frieden mit Peter,[24] und dieser wurde aus dem Kirchenbann entlassen. Im Schiedsvertrag von 1243 wurde der Übergang von Köniz an den Deutschen Orden schliesslich allgemein anerkannt.[25] Aus einer Urkunde, ausgestellt um 1241, mit der Peter von Bubenberg, Schultheiss zu Bern, einen Güterabtausch mit dem Johanniterhaus Buchsee besiegelt, geht hervor, dass er mit einer Frau namens Berchta verheiratet war und mehrere Kinder hatte.[26] Diese werden nicht namentlich genannt, es ist jedoch davon auszugehen, dass das Paar mindestens drei Söhne hatte, nämlich Heinrich I., Cuno II. und Ulrich I.[27] Alle drei übten in der zweiten Hälfte des 13. Jahrhunderts mehrfach das Schultheissenamt aus.[28] Unter ihnen hat Ulrich I. die deutlichsten Spuren in der Berner Geschichte hinterlassen; als jüngster Sohn hatte er zuerst die Laufbahn als Geistlicher eingeschlagen.[29] Spätestens 1282 hatte er jedoch seine Weihen abgelegt, wird er doch in einer Urkunde von Bischof Wilhelm von Lausanne als Ritter bezeichnet.[30] Er heiratete in diesem Jahr Elisabeth, eine Tochter des Grafen Peter I. von Buchegg.[31] Unter ihm erlitt die Stadt Bern 1289 die demütigende Niederlage an der Schosshalde gegen König Rudolf von Habsburg und dessen gleichnamigen Sohn.[32] Der Auslöser für den Waffengang waren Steuerforderungen des Königs gegenüber verschiedenen königlichen Städten gewesen. In den folgenden Jahren wuchs der Unmut der Bevölkerung gegen die regierenden Familien stetig an, sodass es 1294 schliesslich zur sogenannten Verfassungsreform kam. Ein erstes Anzeichen für die Neuerung war die Abwahl Ulrichs von Bubenberg als Schultheiss an Ostern 1293. An dessen Stelle wurde ein auswärtiger Adeliger, nämlich der frohburgische Ministeriale Jakob von Kienberg, an die Spitze der Stadt gewählt. Im Februar des darauffolgenden Jahres gelang es schliesslich einer Gruppe von Bürgern, die Macht der in den ersten 100 Jahren seit der Stadtgründung allein regierenden Adels- und Notabelngeschlechter einzuschränken und auch die Kaufleute und Handwerker am Regiment zu beteiligen.[33] Der ursprünglich aus zwölf Mitgliedern bestehende Rat wurde auf 25 ausgedehnt und der Rat der Zweihundert (CC) gebildet.

Die Familie von Bubenberg im 14. Jahrhundert

Einer der heftigsten Gegner der Verfassungsreform Ende des 13. Jahrhunderts war Johann I., ein Sohn Cunos II. und Neffe Ulrichs I., gewesen. Trotz der veränderten politischen Situation nach 1294 war er weiterhin einer der mächtigsten Männer der Stadt. Gemäss der Tradition des 13. Jahrhunderts wäre demnach zu erwarten gewesen, dass er nach dem Rücktritt von Jakob von Kienberg[34] zum Schultheissen gewählt worden wäre.[35] An seiner Stelle schaffte es jedoch Konrad Münzer, ein sehr reicher Kaufmann, an die Spitze der Stadt.[36] Seine Wahl war möglich geworden, weil seine Familie dank zahlreichen Heiratsverbindungen enge verwandtschaftliche Beziehungen zu den führenden Notabelnfamilien besass und er somit eine Mehrheit der Angehörigen des Rats der CC hinter sich scharen konnte.[37] Die Bubenberg hatten hingegen so hohe Ansprüche an das soziale Prestige ihrer Ehefrauen, dass sie innerhalb der Stadt kaum Verwandte besassen. Sie heirateten durchwegs Frauen aus hochadeligen Geschlechtern, die nicht in der Stadt Bern sassen und damit auch keine Unterstützung darstellten, wenn es um die Schultheissenwahl ging. Dies war wohl der wichtigste Grund, dass es den Bubenberg bis 1319 nicht mehr gelang, das Schultheissenamt zu besetzen. Durch Absprachen und Koalitionen konnten die wirtschaftlich mächtigen und zu Geld gekommenen Kaufleute die Mehrheiten im Rat immer wieder so verändern, dass sie an der Macht bleiben konnten. Johann I. war aber dank dem Prestige seiner Familie und seinen Beziehungen zu den Mächtigen ausserhalb der Stadt eine der einflussreichsten Persönlichkeiten im Kleinen Rat und übte de facto die Funktion eines Stellvertreters des Schultheissen aus.[38]

Erst Johann II., dem Sohn Ulrichs I. und Cousin Johanns I., gelang es 1319, nach einem Unterbruch von 26 Jahren, während denen Konrad und Laurenz Münzer an der Spitze der Stadt gestanden hatten, die Schultheissenwürde wieder in die Hand der alten, stadtsässigen Adligen zu bringen.[39] Bereits seit 1302 hatte die Zahl der Adligen, die im Kleinen Rat vertreten waren, kontinuierlich wieder zugenommen. Sie nützten die unsichere aussenpolitische Situation aus, um auf einen Wechsel im Schultheissenamt hinzuwirken.[40] Anders als in politisch stabilen Zeiten, in denen vor allem das Netzwerk innerhalb der städtischen Elite ein Garant für eine Wahl an die Spitze der Stadt war, waren nun verwandtschaftliche Beziehungen zu den geistlichen und weltlichen Herrschaftsträgern auf dem Land von Vorteil. Die Adligen verfügten über Kontakte, die diplomatische Missionen überhaupt erst ermöglichten, und ihre Herrschaftsrechte auf dem Land halfen mit, die Stadtbevölkerung in Krisenzeiten zu versorgen. Die

Angehörigen ihrer Herrschaften konnten zudem im Notfall zum militärischen Auszug aufgeboten werden. So gelang es Johann II. 1319, Laurenz Münzer regelrecht vom Thron zu stürzen.[41] Die wichtigste Voraussetzung dafür war seine Abstammung: Er war der einzige legitime Sohn Ulrichs I. und dessen Frau, der Grafentochter Elisabeth von Buchegg. Das gleiche Muster zeigte sich, als die Stadt kurz vor dem Laupenkrieg erneut in einer sehr bedrohlichen Lage war. Nach einer mehrjährigen Pause wurde 1338 wieder Johann II. an die Spitze der Stadt gewählt. Durch den Erfolg in diesem Krieg, in dem zudem sein Sohn Johann III. als Befehlshaber der Feste Laupen eine wichtige Rolle spielte,[42] war seine Stellung in Bern so mächtig geworden, dass er die nächsten zwölf Jahre ununterbrochen Schultheiss blieb. Erst an Ostern 1350 wurde er von den Notabeln gewaltsam vom Schultheissenthron gestürzt und aus der Stadt verbannt. Nach der ersten grossen Pestwelle hatte sich die soziale und politische Situation markant verändert und Johann musste seinen Führungsanspruch aufgeben.[43] Nun waren wieder die innenpolitischen Faktoren ausschlaggebend und die diplomatischen Beziehungen auf europäischer Ebene traten in den Hintergrund.

Aus heutiger Sicht das grösste Verdienst Johanns II. für die Stadt Bern ist jedoch, dass er den Aufbau eines städtischen Territoriums initiierte. Er scheint einen ganz wesentlichen Einfluss darauf gehabt zu haben, dass Bern zu Beginn des 14. Jahrhunderts erste Vogteien auf dem Land erwerben konnte. Sein Netzwerk unter den landsässigen Adligen in der Umgebung ebenso wie seine Freundschaft mit dem Grafen Eberhard II. von Kiburg waren hierzu von grossem Nutzen. Nur vier Jahr nach seiner Wahl zum Schultheissen erlangte Bern nämlich 1323 die Lehenshoheit über die Stadt Thun und konnte ein Jahr darauf mit der Stadt Laupen eine erste Vogtei, die mehrere Wegstunden von der Stadt entfernt lag, in seinen Besitz bringen.[44] Es brauchte einen Adligen, dessen Horizont über die Stadtmauern hinausreichte, um überhaupt auf die Idee zu kommen, dass ein Territorium für eine Stadt von Interesse sein könnte. Für die Familie von Bubenberg begründete er zudem ein neues Herrschaftszentrum ausserhalb der Stadt, indem er 1338 von den Freiherren von Strättligen Burg und Herrschaft Spiez kaufte.[45]

Johann II. blieb während 14 Jahren aus der Stadt verbannt. Erst im Sommer 1364 kam es zu einem Aufruhr innerhalb der Bürgerschaft, der zur Rückkehr des alten Adligen von seiner Stammburg bei Köniz führte. Dem «vatter ze eren», wie der Chronist Justinger schreibt,[46] wurde darauf Johann III. zum Schultheissen ernannt. Ihm folgte 1367 bis 1381 sein Bruder Ulrich II., und nach zwei Notabeln wurde Johanns jüngerer Bruder Otto an die Spitze der Stadt gewählt (1383–1393).[47]

Die Vertreter der nächsten Generation der Familie von Bubenberg schafften die Wahl ins höchste Amt hingegen nicht. Keinem der Söhne der drei Bubenberg-Schultheissen aus der zweiten Hälfte des 14. Jahrhunderts gelang der Sprung an die Spitze der Stadt. Was ihre Heiratspolitik angeht – und diese ist bekanntlich eines der deutlichsten Zeichen der Standesqualität einer Familie, hier treten die Standesunterschiede wesentlich deutlicher hervor als im Alltag,[48] – standen sie ihren Vorfahren aber in nichts nach. Noch immer wurden konsequent Ehen im hochadeligen Milieu ausserhalb der Stadt geschlossen. So heiratete Heinrich III. (ein Sohn Johanns III.) Beatrix, die Erbtochter des letzten Herrn von Ringgenberg. Auch bei der Versorgung der jüngeren Söhne in geistlichen Institutionen zeigt sich der Anspruch der Familie: Hartmann, ein weiterer Sohn Johanns III., wurde Propst in Solothurn und Zofingen, sein Bruder Markwart stand der Deutsch-Ordenskommende Sumiswald vor und ihr Cousin Johann VI. – ein Sohn Ottos – wurde Kirchherr zu Spiez und Gerzensee.[49]

Heinrich IV. und Adrian I. – die berühmtesten Vertreter der Familie

An Ostern 1447 wurde erstmals seit 66 Jahren mit Heinrich IV. wieder ein Vertreter der Familie von Bubenberg an die Spitze der Stadt Bern gewählt. Die erste Hälfte des 15. Jahrhunderts war geprägt gewesen durch die für Bern einmalige 28-jährige Amtszeit des von auswärts nach Bern geholten Rudolf Hofmeister. Als er 1446 – wahrscheinlich aus Altersgründen – zurücktrat, wurde die einjährige Amtszeit wieder eingeführt und der Rat beschloss, dass eine Wiederwahl frühestens nach drei Jahren wieder möglich sei.[50] Für Heinrich IV. bedeutete dies, dass er bis zu seinem Tod im Sommer 1464 im Wechsel mit Vertretern der Familien von Erlach, von Ringoltingen und vom Stein Schultheiss der Stadt Bern war.[51] Heinrich IV. wurde um 1404 als Sohn Heinrichs III. und Enkel Johanns III. geboren.[52] Er sass ab 1423 nicht nur im Grossen, sondern sogleich im Kleinen Rat; 1426 bis 1430 zog er für vier Jahre nach Thun, wo er das Amt des Schultheissen innehatte.[53] Sicher ist es kein Zufall, dass er ausgerechnet diese Vogtei bekam, kannte er doch die Region als Herr von Spiez bestens. 1435 bis 1438 erhielt er die Vogtei Aarburg im heutigen Aargau übertragen;[54] gekrönt wurde seine Karriere durch die Schultheissenwürde, die er bis zu seinem Tod insgesamt sechs Mal innehatte. Auf internationalem Parkett erlangte Heinrich IV. aber vor allem als Vermittler im Alten Zürichkrieg Berühmtheit. In den jahrelang andauern-

Statue von Adrian I. von Bubenberg im Spiezer Schlosshof.
– *Karl Stauffer 1890, Depositum der Gottfried Keller Stiftung.*
Foto Hannes Saxer.

den Verhandlungen bewies er herausragendes diplomatisches Geschick.[55] Ganz in der Tradition der Familie von Bubenberg war auch er mit einer Hochadligen verheiratet, nämlich mit Anna von Rosenegg. Die beiden hatten zwei Kinder: Adrian – geboren um 1430[56] – und die etwas jüngere Johanna.[57] Sie heiratete 1463 Andreas Roll von Bonstetten, Herr von Uster und Bürger von Zürich. Ihr Enkel Beat Wilhelm II. wurde der Stammvater der in Bern bis heute existierenden Familie von Bonstetten.[58]

Adrian I. von Bubenberg wurde einer der berühmtesten Männer in der Geschichte Berns. Anfang der 1450er-Jahre heiratete Adrian Jacobea, die Tochter des Grafen Johann von Neuenburg-Valangin. Die beiden bekamen am 12. August 1455 eine Tochter, Dorothea, die 1470 Hans Albrecht von Mülinen, Herrn zu Casteln und Wildenstein, heiratete. Adrians Ehefrau Jacobea starb kurz nach der Geburt der Tochter.[59] Zwei Jahre später heiratete Adrian erneut. Er vermählte sich am 24. April 1457 mit Johanna von La Sarraz, der Tochter des damaligen savoyischen Vogts in der Waadt.[60] Das Paar hatte drei Kinder: Adrian II. (1458–1506, Ritter, Anführer der Berner bei Dornach, verheiratet mit Claude de Trivier), Philipp (jung gestorben) und Eva[61] (mit Petermann Asperlin, Meier von Raron, vermählt). Adrian hatte zudem zwei uneheliche Töchter, die in seinem Haushalt aufwuchsen. Es fällt auf, dass sogar diese beiden unehelichen Töchter mit Männern aus angesehenen Berner Familien verheiratet wurden: Agatha ehelichte Thomas Schöni, der 1497 in den Kleinen Rat gewählt wurde,[62] und Afra heiratete 1477 Gilian von Rümligen, der in Bern eine klassische Ämterkarriere durchlief, indem er Tschachtlan im Obersimmental (1464–1467) und Vogt von Schenkenberg (1470–1474) wurde und zwischen 1485 und 1511 fast ununterbrochen im Kleinen Rat sass.[63]

Die politische Karriere Adrians I. von Bubenberg begann 1451 mit seiner Wahl in den Grossen Rat.[64] 1457–1461 wurde er zum Vogt von Lenzburg gewählt, wo er umfangreiche Um- und Ausbauarbeiten in Auftrag gab. Kaum zurück in Bern zog er 1462 als Söldnerhauptmann nach Deutschland. Auch in den folgenden Jahren war er immer wieder in fremden Diensten auf den Schlachtfeldern Europas.[65] Dies kostete ihn jedoch mehr, als es ihm einbrachte. Er hatte bereits in den 1460er-Jahren mit zunehmenden finanziellen Schwierigkeiten zu kämpfen. Um diese zu beheben, belehnte er seine Güter, nahm Darlehen auf und musste schliesslich auch Besitzungen verkaufen.[66] Als 1464 sein Vater starb, erbte er nicht nur den ganzen bubenbergischen Besitz, sondern auch dessen Sitz im Kleinen Rat. Auf seiner Pilgerreise nach Jerusalem wurde er zudem 1466 zum Ritter vom Heiligen Grab geschlagen.[67] Zurück in Bern erlangte er am 18. April 1468 zum ersten Mal für ein Jahr die Schultheissenwürde. Er wurde dabei seinem langjährigen Rivalen Niklaus von Diesbach vorgezogen, der gemäss dem üblichen Turnus an der Reihe gewesen wäre.[68] In den kommenden elf Jahren bis zu seinem Tod stand er noch zweimal an der Spitze der Stadt (1473/74 und Ostern 1477 bis August 1479). Diese Zeit war enorm wichtig für Bern, und Adrian konnte aktiv und nachhaltig in die politische Entwicklung der Stadt eingreifen.[69] Er spielte eine massgebliche Rolle im Twingherrenstreit von 1470, unter ihm kam es im März 1474 zum Abschluss der Ewigen Richtung und während der Burgunderkriege 1475/76 errang Bern zusammen mit seinen eidgenössischen Verbündeten nicht zuletzt dank seinem beherzten Handeln bei der Verteidigung von Murten einen glänzenden Sieg gegen Karl den Kühnen – obwohl er aufgrund seiner Rivalität mit Niklaus von Diesbach zunächst für die Dauer der militärischen Auseinandersetzungen vom Kleinen Rat ausgeschlossen worden war.[70] Als im Frühling 1477 die Gegensätze zwischen Stadt- und Landorten in der Eidgenossenschaft zunahmen, wurde er als angesehener Berner Schultheiss zudem als Vermittler angegangen. Dieser Streit konnte allerdings erst nach seinem Tod mit dem Abschluss des Stanser Verkommnisses 1481 endgültig gelöst werden. Adrian verstarb Anfang August 1479.[71]

Das Ende der Familie von Bubenberg

Adrian II., der einzige Sohn Adrians I., der 1479 noch lebte, erbte nach seinem Tod dessen Sitz im Kleinen Rat. Auf den Schultheissenthron schaffte er es allerdings nicht mehr. Mehr noch als sein Vater hatte er mit finanziellen Schwierigkeiten zu kämpfen. Bereits seit dem Tod des seines Grossvaters Heinrichs IV. 1464 reichten die Einnahmen aus dem Familienbesitz nicht mehr aus, um die laufenden Ausgaben, die aus der aktiven Rolle in der Politik sowie der Repräsentation resultierten, zu decken. Der bubenbergische Besitz wurde daher seit den Krisenjahren in der Mitte des 15. Jahrhunderts immer geringer.[72] Trotzdem war aber das Vermögen Adrians II. noch immer beachtlich, wird er doch im Tellbuch von 1494 noch immer an sechster Stelle genannt.[73] Auch er ging aufgrund seiner militärischen Meriten in die Geschichte der Stadt ein: 1499 war er erfolgreicher Befehlshaber der bernischen Truppen in der Schlacht bei Dornach.[74]

Adrian II. hatte einzig einen illegitimen Sohn (Adrian III.), der allerdings 1538 legitimiert wurde.[75] Wie bereits seine ebenfalls unehelich geborenen Tanten Agatha und Afra heiratete auch Adrian III. mit Verena Brunner, der Witwe des

Schmids Caspar Müller, eine bürgerliche Frau. Die beiden hatten eine Tochter Antonia, die am 7. Januar 1535 im Münster getauft wurde, einen jung verstorbenen Sohn (Adrian IV.) und eine Tochter Anneli (geb. um 1538/39), die allerdings im Münstertaufrodel nicht mehr erwähnt werden. Sie wurden möglicherweise in Köniz getauft, da ihr Vater ab 1537 Schaffner von Köniz war. Später übernahm er die Vogtei Romainmôtier. Als Adrian III. 1564 starb, erlosch das Geschlecht der von Bubenberg im Mannesstamm.

Anmerkungen

[1] Die «Gruppe Bubenberg» war ein Zusammenschluss von Berner SVP-Politikern um Bundesrat Samuel Schmid. Sie löste sich Mitte Juni 2008 von ihrer Mutterpartei und gründete die Bürgerlich-Demokratische Partei BDP.

[2] Zur Genealogie der Familie von Bubenberg vgl. Oehler, Robert: Zur Genealogie Bubenberg. In: BZGH 38 (1976), 58–66. Dort findet sich auch ein Stammbaum (nach S. 64). Ein leicht angepasster, u.a. durch die Namen der Ehefrauen ergänzter Stammbaum bei Gerber, Roland: Münzer contra Bubenberg. Verwandtschaften und Faktionen im Berner Rat zu Beginn des 14. Jahrhunderts. In: BZGH 68 (2006), 179–234, hier 211. Specker korrigiert Oehlers Stammbaum vor allem in der vierten Generation mit sehr stichhaltigen Argumenten: Specker, Hermann: Einige Fragen und Bemerkungen zu Genealogie Bubenberg. In: Schweizerische Gesellschaft für Familienforschung, Jahrbuch 1983, 23–34, hier 29.

[3] Oehler, 61 (wie Anm. 2).

[4] Zusammenstellung aller Ämter (weltliche wie geistliche) bei Oehler, 60 (wie Anm. 2).

[5] Zahnd, Urs Martin: Bubenberg, von. In: HLS, Bd. 2, 766f.

[6] Studer, Gottlieb (Hrsg.): Die Berner-Chronik des Conrad Justinger, Bern 1871, 7.

[7] Zusammenstellung bei Oehler (wie Anm. 2), 63.

[8] Wälchli, Karl F.: Adrian von Bubenberg. In: Bernische Erziehungsdirektion und Berner Heimatschutz (Hrsg.): Berner Heimatbücher 122, 9; Oehler (wie Anm. 2), 63.

[9] Oehler (wie Anm. 2), 58–66.

[10] Oehler (wie Anm. 2), 65.

[11] Baeriswyl, Armand: Die ersten Jahrzehnte, In: Schwinges, Rainer C. (Hrsg.): Berns mutige Zeit, 88; ders.: Stadt, Vorstadt und Stadterweiterung im Mittelalter. Archäologische und historische Studien zum Wachstum der drei Zähringer Städte Burgdorf. Bern und Freiburg im Breisgau, Basel 2003, 162.

[12] Baeriswyl, Stadt (wie Anm. 11), 174–176.

[13] Wir wissen davon erst durch die Bestätigung des Lehens durch König Rudolf von Habsburg im Jahr 1274: Fontes Rerum Bernensium (im Folgenden zitiert als FRB) III, 72, Nr. 70.

[14] Die Matte wurde rechtlich gesehen erst ein Teil der Stadt Bern, als Johann II. von Bubenberg 1360 seine Mannlehenrechte für 1300 Gulden an Bern verkaufte: FRB VIII, 373, Nr. 993. Vgl. Baeriswyl, Stadt (wie Anm. 11), 227.

[15] FRB, II, 220, Nr. 210; vgl. Wälchli (wie Anm. 8), 10.

16 Wälchli (wie Anm. 8), 11. Justinger schildert, wie «die gemeinde gan Bubenberg» zog und «den alten Bubenberg harin mit grossen eren» zurück in die Stadt führte; Justinger (wie Anm. 6), 123.

17 Bartlome, Vinzenz: Niklaus von Diesbach und Adrian von Bubenberg. Berns innenpolitische Situation im Vorfeld der Burgunderkriege. Seminararbeit Universität Bern 1987, 17.

18 Stimmt die These, dass die Bubenberg aus den Herren von Jegenstorf hervorgegangen sind, so wären es gar fünf. In dem Fall wäre auch Cuno von Jegenstorf, der 1225/26 als Schultheiss genannt wird, dazu zu zählen.

19 Geiser, Karl: Die Verfassung des alten Bern. In: Festschrift zur VII. Säkularfeier der Gründung Berns. 1191–1891. Bern 1891, Teil IV, 135.

20 FRB II, 145, Nr. 136. Peter, der Schultheiss von Bern, erhält am 1.3.1235 von König Heinrich (VII.) den Fischteich vor der Stadt als Mannlehen. Als Peter *von Bubenberg*, Schultheiss von Bern wird er allerdings erst in einer um 1241 ausgestellten Urkunde bezeichnet (FRB II, 230, Nr. 216).

21 FRB II, 220, Nr. 210.

22 Specker (wie Anm. 2), 25.

23 Vgl. dazu Utz Tremp, Kathrin: Köniz. In: Die Augustiner-Chorherren und die Chorfrauengemeinschaften in der Schweiz (Helvetia Sacra, Abt. IV, Bd. 2), 242–247.

24 FRB II, 220, Nr. 210.

25 FRB II, 238f., Nr. 225.

26 FRB II, 216, Nr. 230.

27 Vgl. Anm. 2 und Stammbaum S. 73.

28 Heinrich I. ist nachgewiesen für die Jahre 1258–1263 und 1266, Cuno II. für 1269–1271 und Ulrich I. 1284–1294: Geiser (wie Anm. 19), 135.

29 Als Geistlicher erwähnt wird er zwischen 1267 (FRB II, 684, Nr. 622) und Juni 1279 (FRB III, 260, Nr. 277).

30 FRB III, 321, Nr. 338.

31 Lätt, Peter: Buchegg und die Buchegger. Beitrag zur Geschichte des Hauses Buchegg vom 12. bis 14. Jahrhundert. Solothurn 1984, 94f.

32 Gerber, Roland: Gott ist Burger zu Bern. Eine spätmittelalterliche Stadtgesellschaft zwischen Herrschaftsbildung und sozialem Ausgleich. Weimar 2001, 44ff.

33 Gerber (wie Anm. 32), 44f.

34 Er wird letztmals am 5.11.1297 als Schultheiss genannt: FRB III, 692, Nr. 690.

35 Gerber (wie Anm. 2), 179.

36 Die Münzer verdankten ihren Erfolg dem Sieg in der Schlacht bei Oberwangen und ihren grossen Reichtum ihrem Amt als Vorsteher der schon 1228 erstmals erwähnten bernischen Münzstätte: Gerber (wie Anm. 2), 182.

37 Gerber (wie Anm. 2), 185–190.

38 Gerber (wie Anm. 2), 193.

39 Gerber (wie Anm. 2), 179.

40 Gerber (wie Anm. 2), 205f.

41 Justinger (wie Anm. 6), 68.

42 Feller, Richard: Geschichte Berns, Bd. 1. Bern 1963, 135.

43 Gerber (wie Anm. 32), 247f.
44 Studer Immenhauser, Barbara: Verwaltung zwischen Innovation und Tradition. Die Stadt Bern und ihr Untertanengebiet 1250–1550. Ostfildern 2006 (Mittelalterforschungen, Bd. 19), 299f. und 250ff.
45 Wälchli (wie Anm. 8), 11.
46 Justinger (wie Anm. 6), 123.
47 Geiser (wie Anm. 19), 136.
48 Bartlome (wie Anm. 17), 19f. Zu den Heiratsverbindungen der Bubenberg vgl. auch Gerber (wie Anm. 2), 210f.
49 Oehler (wie Anm. 2), nach 64.
50 Gerber (wie Anm. 32), 267.
51 Geiser (wie Anm. 19), 136.
52 Feller (wie Anm. 42), 311.
53 Studer (wie Anm. 6), 458.
54 Rechnungenbuch C (1435–1454), pag. 13, 41 und 71 (Burgerbibliothek Bern, Mss.hist.helv.IV.2).
55 Vgl. Zahnd, Urs Martin: Heinrich IV. von Bubenberg und der Friedensschluss vom 13. Juli 1450 nach dem Alten Zürichkrieg, in diesem Themenheft.
56 Wälchli (wie Anm. 8), 13, setzt sein Geburtsjahr auf 1434/35 an. Sein Name war damals sehr untypisch für Bern und lässt sich in keiner der Familien seiner Eltern nachweisen. Wälchli vertritt deshalb die Theorie, dass die Ehe von Heinrich IV. und Anna einige Jahre kinderlos geblieben sei. Möglicherweise beteten die Eltern in dieser Situation zu den heiligen «Eheleuten St. Adrian und Natalia» und nannten das gemäss mittelalterlichen Vorstellungen dieser Fürbitte zu verdankende Kind nach dem Heiligen.
57 Oehler (wie Anm. 2), nach 64.
58 Immenhauser, Beat: Die Familie von Bonstetten in Bern. 15. bis 21. Jahrhundert, Bern 2011.
59 Wälchli (wie Anm. 8), 17.
60 Jeanne von La Sarraz starb zwischen 1492 und 1506 in Spiez. Sie wurde dort in der linken Seitenapsis begraben: Specker (wie Anm. 2), 31.
61 Sie lebte mindestens bis 1518; vgl. Specker (wie Anm. 2), 32.
62 Osterbuch I, fol. 142v. (StAB, A I 647).
63 Wälchli (wie Anm. 8), 17; Studer (wie Anm. 44), passim.
64 Burgerrodel, Bd. III, fol. 8. (StAB, B XIII 482c).
65 Bartlome (wie Anm. 17), 27.
66 Als er 1465 seine Mitgift Wartenfels für 3300 fl. verkaufte, waren seine Schulden so hoch, dass er nur noch 360 fl. bar ausbezahlt bekam; vgl. dazu Bartlome (Anm. 17), 25.
67 Wälchli (wie Anm. 8), S. 18f.
68 Bartlome (wie Anm. 17), 30.
69 Wälchli (wie Anm. 8), 20–34; Bartlome (wie Anm. 17), 31–57.
70 Vgl. dazu auch Bartlome (wie Anm. 17), 16f.
71 Am 1.8.1479 errichtete Adrian sein Testament. Das Todesdatum ist nicht gesichert, es muss

aber vor dem 6.8. liegen, da dann sein Sohn Adrian II. als Ratsherr erscheint; vgl. Wälchli, (wie Anm. 8), 35f., sowie Ernst Walder, Das Stanser Verkommnis. Stans 1994.

[72] Bartlome (wie Anm. 17), 26.
[73] Bartlome (wie Anm. 17), 22.
[74] Oehler (wie Anm. 2), 59.
[75] Dazu und zum Folgenden: Oehler (wie Anm. 2), 59.

Krieg und Frieden organisieren
Eidgenossen und Gesandte europäischer Mächte an den Tagsatzungen 1470 bis 1510

Andreas Würgler

Am 20. Mai 1490 stellte der römische König und spätere Kaiser Maximilian von Habsburg für seinen Gesandten einen Kreditiv-Brief aus, mit dem er den Empfängern die Rechtmässigkeit des Gesandten und seines Auftrages beglaubigte. Auf dem Umschlag stand die Adresse: an die «Ersamen weisen vnnser vnd des Reichs lieben getrewen Gemainer Aidgnossen von Stetten vnd Lenndern Ra(e)tten vnd Botten wo die beyeinander zu tagen versamelt sein werden».[1] Aus dieser Adresse lässt sich ablesen, dass der Kaiser die Eidgenossen als zusammengehöriges Ganzes wahrnimmt und zwar von den regelmässigen Versammlungen der Eidgenossen Kenntnis hat, aber nicht weiss, wo diese stattfinden. Der folgende Beitrag möchte aufzeigen, wie sich diese im 15. Jahrhundert «Tag» oder «Tagleistung» genannten Versammlungen der Eidgenossen vor allem in den 1470er-Jahren zu einer Institution verfestigten, die heute besser bekannt ist unter dem Namen «Tagsatzung». Einen Tag setzen meinte ursprünglich einfach einen Sitzungstermin festlegen, hier für die Versammlungen der Gesandten der eidgenössischen Orte oder Kantone und zum Teil auch ihrer Zugewandten Orte.[2] Zwar existierten eidgenössische Versammlungen schon länger. Spätestens seit der sogenannten Eroberung des Aargaus 1415 und der anschliessenden Einrichtung der Gemeinen Herrschaften Baden und Freie Ämter sind fast für jedes Jahr Jahrrechnungstage der acht bzw. sieben alten Orte belegt.[3] Es ging darum, den gemeinsamen Besitz zu verwalten. Nichts hält Menschen länger zusammen, in Eintracht wie Zwietracht, als gemeinsamer Besitz, und so bildeten die Gemeinen Herrschaften bis 1798 einen stabilen Anlass für regelmässige Zusammenkünfte. Aber in den 1470er-Jahren kamen mit den diplomatischen Verhandlungen im Vorfeld der Burgunderkriege neue Themen dazu, und die Zahl der jährlichen Versammlungen schnellte in die Höhe. Jetzt wurden die Tagsatzungen der Eidgenossen auch von den führenden europäischen Mächten wahrgenommen. Zunächst soll nun der erste Teil des Beitrags die quantitative Entwicklung der Tagsatzungen skizzieren und dann der zweite Teil auf die Teilnehmer und Funktionen sowie auf die Verfahren der Beratung und Entscheidungsfindung eingehen, bevor der dritte Teil die Bedeutung der Tagsatzung in der Diskussion um die Rolle von Krieg und Frieden oder von Militärgeschichte und Diplomatiegeschichte für die Eidgenossenschaft im späten 15. Jahrhundert diskutiert.

1. Die quantitative Entwicklung der Tagsatzungen

Die Zunahme der eidgenössischen Tagsatzungen von durchschnittlich unter 10 vor 1473 auf durchschnittlich über 20 seit 1473 ist frappant, wie die Grafik (s. S. 90) zeigt, die auf der Auszählung der edierten Eidgenössischen Abschiede beruht.[4]

Diese enorme und anhaltende Zunahme der Sitzungen spiegelt sicher zum Teil die im gleichen Zeitraum steigende Überlieferungsdichte in den Archiven der eidgenössischen Städte, vor allem Luzern, Zürich und Bern, wider. Sie zeigt aber ebenso die gesteigerte Intensität der Kommunikation der Orte nicht nur untereinander, sondern auch mit Gesandten fremder Mächte. Wegen der Verwicklungen in die Burgunderkriege und in die damit einhergehenden multilateralen Absprachen kam das Element der Aussenbeziehungen auch mit Mächten, die nicht direkte Nachbarn der Eidgenossen waren, neu dazu und bildete bis 1798 einen wesentlichen Bestandteil der Verhandlungen an den Tagsatzungen. Aussenpolitische Themen machten an eidgenössischen Sitzungen von 1450 bis 1510 über 40% der behandelten Traktanden aus – jedenfalls der überlieferten.[5] Selbst wenn möglicherweise Verhandlungen mit fremden Mächten eine grössere Chance hatten, schriftlich festgehalten zu werden als etwa jene zu inneren oder gemeinherrschaftlichen Angelegenheiten,[6] bleibt das Resultat bestehen, dass nämlich aussenpolitische Fragen ein konstitutives Merkmal des Profils der eidgenössischen Tagsatzung darstellten.

Die Bedeutung der Aussenbeziehungen zu Fürsten, Herren oder Städten, die weder Eidgenossen noch Zugewandte waren, lässt sich auch an der steigenden Präsenz der Gesandten fremder Mächte an den Tagsatzungen zeigen (s. S. 91).

Kein Wunder also hatte Maximilian, als er 1490 das oben zitierte Kreditiv ausstellte, von den oft stattfindenden Tagsatzungen gehört. Wenn er trotzdem in der Adresse den Versammlungsort offenliess, dann zeugte dies nicht etwa von der Unwissenheit seiner Kanzlei, sondern vielmehr von deren hohen Informationsstand. Denn wie Maximilian selber stets auf Reisen war – das Kreditiv hatte er in Ulm ausgestellt –, so kamen auch die Eidgenossen an wechselnden Orten zusammen. Erst nach 1531 wurde Baden im Aargau zu *dem* Tagsatzungsort. Am Ende des 15. Jahrhunderts (1470–1509) dagegen fanden die Tagsatzungen der Eidgenossen noch an über zwanzig verschiedenen Orten statt, zum Beispiel auch in Einsiedeln (7 Sitzungen), Frauenfeld (4), Beckenried oder Rapperswil (je 1). Obwohl berühmte Verhandlungen wie etwa jene nach der Schlacht bei Murten 1476 in Freiburg oder über das Verkommnis von 1481 in

Stans geführt wurden, versammelten sich die Eidgenossen in diesem Zeitraum (und auch später) nur selten (4 bzw. 5 Mal) an diesen Orten. Denn fast drei Viertel der Tagsatzungen wurden nach Luzern (374) oder Zürich (181) einberufen, deutlich weniger nach Baden (65), Zug (29) und Bern (28), (s. S. 91).

Die Eidgenossen bevorzugten als Treffpunkte die grösseren Städte. Dort konnten sie auf eine leistungsfähige Infrastruktur zurückgreifen. Denn die Tagsatzung als solche hatte kein eigenes Personal, keine Kasse, kein Archiv, geschweige denn ein eigenes Tagungsgebäude. Daher wurde für die Sitzungen insbesondere ein Tagungssaal für rund 20 (aber manchmal auch deutlich mehr) Personen benötigt, eine leistungsfähige Kanzlei, ausreichende Unterbringungs- und Verpflegungsangebote. Wichtig war auch eine gute Verkehrsanbindung. Luzern, das damals als Mittelpunkt der Eidgenossenschaft galt, erfüllte diese Bedingungen am besten. Dort fand daher rund die Hälfte aller Sitzungen von 1470 bis 1509 statt. Und trotzdem konnte Maximilian 1490 in Ulm nicht wissen, ob dies auch mit der nächsten Sitzung so sein würde. Daher adressierte er seinen Brief an die «Aidgenossen», wo sie «zu Tagen versamlet sein werden».

2. Teilnehmer und Verfahren

An den Tagsatzungen vertraten ein, zwei oder mehrere Gesandte die Stimme ihres jeweiligen Ortes. Sie hatten ein Recht auf die Teilnahme, während die Vertreter der Zugewandten Orte nur bei Bedarf geladen und zugelassen wurden. Die Botschafter fremder Mächte kündigten sich an, wurden mit mehr oder weniger zeremoniellem Aufwand empfangen und für die jeweiligen Traktanden in den Saal gebeten, aus dem sie sich nach der Mitteilung ihres Anliegens umgehend wieder entfernten, so wie dies auch die ganz gewöhnlichen Bittsteller aus der Eidgenossenschaft taten.[7]

Die Orte schickten in der Regel ihre besten Vertreter an die Tagsatzungen – den Schultheissen oder Bürgermeister, den Seckelmeister, Venner oder Pannerherrn, erfahrene Kleinräte oder Stadtschreiber. Damit avancierte die Tagsatzung zum Treffpunkt der politischen Elite der Eidgenossenschaft – und verursachte auffällige Phasen der Abwesenheit der Ratsherren von den Sitzungen ihres Ortes. Führende Berner Ratsherren wie Adrian von Bubenberg, Niklaus von Diesbach oder Petermann von Wabern fehlten bei zwei Drittel bis drei Viertel der Ratssitzungen.[8] Dafür konnten sie an den Tagsatzungen die Gelegenheit nutzen, Netzwerke in der Eidgenossenschaft und darüber hinaus aufzubauen.

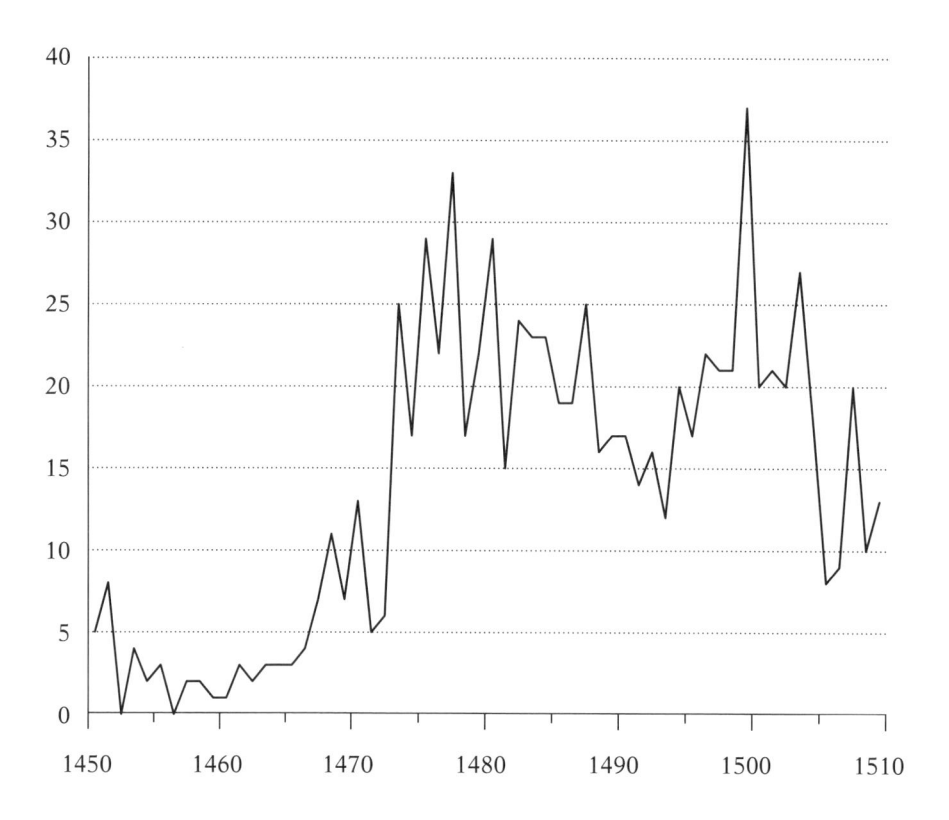

1) Tagsatzungen 1450–1509

1) ———	Tagsatzungen 1450–1509 (N=844)
2) ▫	Tagsatzungen
▪	Tagsatzungen mit Gesandten fremder Mächte
3) - - - Baden	- - - Bern
——— Luzern	——— Zürich

2) Tagsatzungen mit und ohne Präsenz Gesandter fremder Mächte 1450/1510

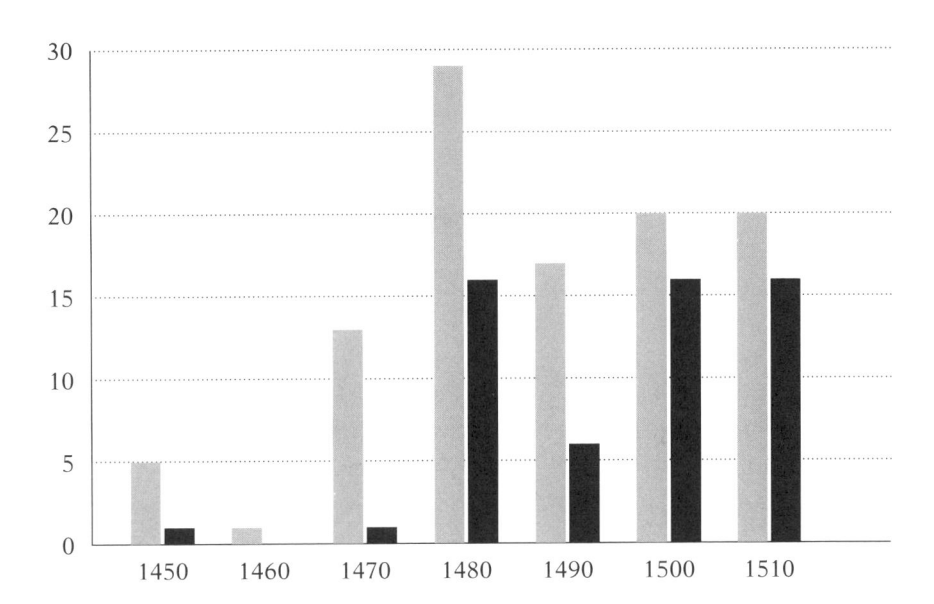

3) Die vier häufigsten Tagungsorte der Eidgenossen 1470–1510

So reisten etwa Adrian von Bubenberg und Wilhelm von Diesbach als eidgenössische Gesandte an den Hof des Königs von Frankreich (s. Abb. S. 93).

Bis in das frühe 16. Jahrhundert hinein kam es gelegentlich vor, dass ein fremder Herrscher persönlich mit den Eidgenossen verhandelte.[9] Meistens jedoch schickten fremde Herrscher ihre Botschafter in die Eidgenossenschaft. Gelegentlich fungierten auch Eidgenossen oder Zugewandte als Botschafter fremder Herren, so etwa der Berner Ludwig von Diesbach für den französischen König, der Freiburger Schultheiss Petermann Pavilliard für den Herzog von Savoyen, der Walliser Kardinal Schiner für den Papst.[10]

Einberufen wurden die Tagsatzungen durch Beschluss der Tagsatzung selbst, von einem oder mehreren Orten oder auf Wunsch fremder Mächte. Jeder Ort hatte das Recht, eine Tagsatzung auszuschreiben, bei sich selbst oder an einen der üblichen Treffpunkte, also meist Luzern oder Zürich. Das kennzeichnet die Tagsatzung als bündische Versammlung und hebt sie ab von zeitgenössischen Ständeversammlungen und Reichstagen, bei denen in der Regel der Fürst bzw. Kaiser die Mitglieder zur Versammlung aufbieten konnten.

Die Zahl der Gesandten pro Ort war nicht festgelegt und auch nicht entscheidend, denn jeder Ort hatte nur eine «Stimme» bei den Beratungen. Wenn dennoch oft zwei Boten pro Ort anreisten, dann einerseits, damit sich die beiden Boten unterstützen und gegebenenfalls auch ausserhalb der Sitzungen Informationen einholen oder Absprachen treffen konnten. Andererseits wurden manchmal zwei Boten geschickt, damit sie sich gegenseitig kontrollieren konnten.

Die Gesandten hatten kein freies Mandat, sondern mussten zuerst ihre «Instruktion» genannte Anweisung der «Herren und Obern» ihres Ortes vortragen. Dies geschah in der ritualisierten Form der Umfrage. Dabei bat der Schultheiss oder Bürgermeister des Gastgeberortes, der als Vorsitzender der Versammlung amtete, die Gesandtschaften der Orte, ihre Instruktion offenzulegen. In der Instruktion war festgehalten, welche Haltung ein Ort zu den in der Einladung genannten Fragen einnahm und welche weiteren Themen dieser Ort zur Beratung vorlegen wollte. Die Versammlung hörte sich reihum die Instruktionen an, wobei der Vorsitzende am Schluss versuchte, eine Bilanz zu ziehen, indem er die vorgebrachten Meinungen mehr gewichtete als zählte. Zum blossen Zählen wären die Voten auch nicht genug standardisiert gewesen, denn viele lauteten in der Art «Ja, aber», «Nein, falls», «Ja, unter der Bedingung, dass» usw.[11]
Da ein einzelner Ort nicht vorhersehen konnte, welche Geschäfte zur Sprache kommen würden, waren die Gesandten meist nicht für alle Themen instruiert.

Die Berner Adrian von Bubenberg und Wilhelm von Diesbach knien mit zwei weiteren eidgenössischen Gesandten vor dem König von Frankreich 1474. – *Diebold Schilling: Amtliche Berner Chronik (1483), Burgerbibliothek Bern, Mss.h.h.I.3, S. 825 [Ausschnitt].*

Hier öffnete sich ein Handlungsspielraum, den Gesandte unterschiedlich zu nutzen wussten. Der Spielraum war jedoch durch die Tatsache begrenzt, dass die Beschlüsse der Tagsatzung nicht als solche in Kraft traten, sondern von den Boten «heimgebracht» und von den einzelnen Orten bestätigt werden mussten. Diesen Vorgang der Ratifizierung nannte man «hinter sich bringen» oder auch «ad referendum». Er ist Ausdruck der geringen Bereitschaft der kantonalen Entscheidungsgremien, ihre Kompetenzen einem einzelnen Repräsentanten, und sei dies der Schultheiss, abzutreten. Auch deswegen stieg die Zahl der Sitzungen an.

Beschlüsse der Tagsatzung, auch Mehrheitsbeschlüsse, waren für ihre Mitglieder nur dann bindend, wenn sie ihnen selber zugestimmt hatten. Da die Entscheidungsgewalt – oder modern gesprochen die «Souveränität» – bei den Kantonen lag, verfügte die Tagsatzung über keine «supranationale» Kompetenz. Vielmehr funktionierte die Zusammenarbeit der Kantone nach dem «intergouvernementalen» Prinzip. Im 15. Jahrhundert sprach man von «Einhelligkeit» oder «Einstimmigkeit». Die sich daraus eröffnende Möglichkeit jedes einzelnen Kantons, ein Gemeinschaftsprojekt zu torpedieren, führte dazu, dass in bestimmten Fällen die Mehrheit sich über die Minderheit hinwegsetzte und diese, wie die Quellen sagen, «vermächtigte». Das heisst, die Mehrheit der Kantone tat so, als ob Einigkeit bestanden hätte, und handelte im Namen aller Eidgenossen.[12]

Die Beratungen und Beschlüsse der Tagsatzungen wurden erst seit den 1470er-Jahren relativ regelmässig in den sogenannten Abschieden festgehalten. In diesen Abschieden waren nicht nur einhellige Entscheidungen aufgeführt, sondern auch strittige Punkte und noch zu tätigende Handlungen. Die Abschiede bieten weder ein vollständiges Verhandlungsprotokoll noch ein vollständiges Beschlussprotokoll. Sie sind nicht gesiegelt und haben keinerlei «Gesetzescharakter». Trotzdem nahmen alle Gesandten ein Exemplar des von der Kanzlei des Tagungsortes erstellten und vervielfältigten Abschiedes mit nach Hause. Mit der Zeit erhielten diese Dokumente immer mehr Vollständigkeit und Verbindlichkeit. Auf diesen, im 19. Jahrhundert meist in Regestform edierten Abschieden basieren alle quantifizierenden Aussagen über eidgenössische Versammlungen.

3. Die Bedeutung der Tagsatzung

Berühmt geworden sind die Eidgenossen durch militärische Leistungen. Seit der Schlacht bei St. Jakob an der Birs (1444) wurden sie vermehrt als Söldner angeworben und die Burgunderkriege (1474–1477) und der Schwaben- oder

Schweizerkrieg (1499) festigten ihren Ruhm, sodass ihnen in den italienischen Kriegen (1494–1515) der Ruf vorausging, seit «Caesar unbesiegt» zu sein, wie sich der Venezianer Marin Sanudo ausdrückte.[13] Diesen Eindruck untermalt die einzigartige spätmittelalterliche Schweizer Bildchronistik, die kein Thema häufiger darstellt als den Krieg, kein Motiv stereotyper wiederholt als die siegreichen Eidgenossen. Dazu passt die Schlussfolgerung, die der Mediävist Bernhard Stettler zieht, dass nämlich «der tatsächliche Wandel in den 1470er-Jahren nicht durch Diplomatie erfolgte, sondern durch die Erfolge in der Schlacht».[14] Dieser Einschätzung hält der Historiker Guy P. Marchal allerdings entgegen: «Vor lauter Militärgeschichte vergisst man nur zu leicht, dass Waffengänge selbst bestenfalls Voraussetzungen schufen, die genutzt werden konnten oder eben auch nicht. Nachhaltige Wirkungen zeitigten erst die nachfolgenden Friedensschlüsse.»[15] Welche Rolle spielte die Tagsatzung in dieser Kontroverse zwischen Krieg und Frieden, zwischen Militärgeschichte und Diplomatiegeschichte?

Die Tagsatzung dürfte – entgegen landläufiger Ansichten – weniger aus den militärischen Hilfsverpflichtungen in den Bündnissen der Orte unter sich entstanden sein als aus der Verwaltung der Gemeinen Herrschaften, dem Zwang der Kleinen zur aussenpolitischen Kooperation und dem Bedarf an innerer Konfliktregulierung.[16] Die Tagsatzung als Institution war in den Bündnissen der Eidgenossen nicht vorgesehen, ja nicht einmal angedacht. Sie entstand vielmehr erstens aus der schon erwähnten Praxis der Verwaltung des gemeinsamen Besitzes, zweitens aus den Erfordernissen aussenpolitischer Koordination und drittens aus der Notwendigkeit innerer Konfliktregulierung. Diese dritte Funktion der Tagsatzung versinnbildlicht am besten der Tag vom 22. Dezember 1481 in Stans, an dem – wohl unter indirekter Mitwirkung von Bruder Klaus – sowohl das Stanser Verkommnis als wohl wichtigste Grundlage der gesamteidgenössischen Verständigung als auch der Bundesbrief für Freiburg und Solothurn beschlossen wurden. Denn hier vermochte eine komplexe Verhandlungslösung den fundamentalen Konflikt zwischen den Landsgemeindeorten und den Städten beizulegen, der, wie der Kolbenbannerzug 1477 deutlich gemacht hatte, durchaus zu kriegerischen Auseinandersetzungen unter den Eidgenossen hätte führen können.[17] Diese Stanser Tagsatzung ist mit Sicherheit die berühmteste und am häufigsten bildlich dargestellte eidgenössische Sitzung. Die überaus reich illustrierte, 1513 fertiggestellte Chronik des Luzerners Diebold Schilling des Jüngeren (vor 1460–1515) bietet das erste gemalte Bild der Stanser Tagsatzung von 1481. Schilling war als Begleiter seines Vaters selbst dabei gewesen und zeigt korrekt, dass Bruder Klaus nicht selbst an der Tagsatzung teilnahm, sondern seinen Ratschlag zur Vermittlung zwischen den streitenden Städten und Ländern durch einen Boten, den Pfarrer Amgrund, übersandt hatte. Die spätere Bildtradition wird Bruder Klaus meist im Kreis der Tagherren zeigen, was symbolisch einleuchtet, aber historisch falsch ist (s. Abb. S. 97).[18]

Die einzigartig reich illustrierten Schweizer Bildchroniken enthalten neben den vielen Kriegsszenen nur relativ wenige Darstellungen von Begegnungen in geschlossenen Räumen. Dazu zählt auch das wohl erste Bild einer Tagsatzung. Es findet sich in der Amtlichen Berner Chronik von Diebold Schilling dem Älteren (ca. 1436/37–1486), die um 1477/78 unter Schultheiss Adrian von Bubenberg in Auftrag gegeben und 1483 abgeschlossen wurde.[19] Wiewohl es die Tagsatzungen schon länger gab und die Chronik auch Ereignisse aus dem 14. und frühen 15. Jahrhundert bildlich ausschmückt, illustriert Schilling erstmals für das Jahr 1473 eine Tagsatzung. Dargestellt wird – und das ist typisch auch für die weiteren Tagsatzungsbilder des 15. Jahrhunderts – das Erscheinen eines Gesandten fremder Herren vor den versammelten Eidgenossen (s. Abb. S. 98).

Auf dem Stuhl sitzt der Abgesandte des französischen Königs, was durch die Lilien auf dem Schild rechts des Stuhles kenntlich gemacht wird. Beim französischen Botschafter handelt es sich um Jost von Silenen, Probst im luzernischen Münster (heute: Beromünster). Der zwischen 1435 und 1445 in Küssnacht am Rigi geborene Walliser, der in Pavia studiert und dem Gefolge eines französischen Kardinals in Rom angehört hatte, wurde dem König von Frankreich von den Eidgenossen als Vertrauensperson empfohlen.[20] Dank den erfolgreichen Vermittlungen zwischen Frankreich, den Eidgenossen und Burgund wurde er Bischof von Grenoble und dann von Sitten.[21] Er ist umgeben von seinen Begleitern, kenntlich an den Hutfedern, und verhandelt mit den neun Gesandten der acht eidgenössischen Orte. Diese, darunter auch der Berner Schultheiss Petermann von Wabern, sitzen auf einfachen Bänken.[22] Es sind hier neun Herren, welche die acht Orte vertreten, weil von Luzern als Gastgeber zwei Herren die Sitzung besuchen. Mit einem der Luzerner Tagherren, dem Schultheissen Heinrich von Hunwil, war Silenen über seine Grossmutter Verena von Hunwil verwandt.[23] Verwandtschaft und persönliche Bekanntschaft waren für die diplomatischen Verhandlungen an der Tagsatzung ebenso wichtig wie ausreichende Kenntnis der Sprachen und Sitten der Verhandlungspartner. Interessant ist dabei auch, dass von den übrigen Berner Bildchroniken weder die 1470, also vor den Burgunderkriegen, fertiggestellte von Bendicht Tschachtlan und Heinrich Dittlinger noch die Spiezer und Zürcher Varianten des Amtlichen Schilling Tag-

Das Doppelbild zeigt, wie Bruder Klaus 1481 die Tagsatzung zu Stans mittels Bote von seiner Einsiedelei aus berät. – *Diebold Schilling d. J.: Luzerner Chronik (1513), Eigentum Korporation Luzern, Fol. 126v (256).*

Die wohl älteste bildliche Darstellung einer Tagsatzung: Luzern 1473.
– *Diebold Schilling: Amtliche Berner Chronik (1483), Bd. 3, Burgerbibliothek Bern, Mss.h.h.I.3, S. 213.*

satzungen abbilden. Dagegen platzierte auch der schon erwähnte Luzerner Schilling die erste seiner über 20 Darstellungen von Tagsatzungen in die 1470er-Jahre. Und auch er stellt den Auftritt fremder Gesandter in prächtigen Kleidern dar. Die frühe Geschichtsschreibung deutete offensichtlich im Medium des Bildes die Tagsatzung als Folge aussenpolitischer Kontakte.

Diese Beziehungen wurden oft als «Verstrickungen» wahrgenommen. Denn mit der Zunahme der Aussenkontakte, die sich nicht nur in Friedensschlüssen, sondern auch in Soldverträgen manifestierten, gewann auch ein Thema an Bedeutung, das die Eidgenossen über Jahrhunderte beschäftigen sollte: die sogenannten «Pensionen». So hiessen die Zahlungen, die fremde Mächte an die eidgenössischen Orte leisteten, um die Erlaubnis zum Anwerben von Söldnern zu erhalten. Diese Geldzahlungen konnten einmaligen oder regelmässigen Charakter haben und nicht nur an Orte, sondern auch an Individuen offen oder heimlich übergeben werden. Sie erfolgten als Belohnung für geleistete oder zur Sicherung künftiger Dienste. Solche Dienste der Orte und vor allem der Individuen konnten in Form der Rekrutierung neuer Söldner, der Beschaffung geheimer Informationen oder des im Sinne der Geldgeber «richtigen» Abstimmungs- und Wahlverhaltens im Rat oder an der Tagsatzung erbracht werden. Die Tagsatzung war das Verteilzentrum der offiziellen, an die Orte gerichteten Pensionen. Anstelle des Geldes traten bei der Bezahlung der einzelnen Ratsherren oft Gold- und Silberschmuck, kostbare Stoffe oder auch Ehrentitel und Empfehlungen. Die Gegner dieser Politik sprachen von «Miet und Gaben», durch die eidgenössische Politiker von fremden Herren «gekauft» würden. Sie interpretierten die Pensionen als «Bestechungen» und «Korruption».[24] Derartige «Praktiken» wie die zum Topos gewordene Käuflichkeit der Schweizer sind bei allen Gesandten seit dem späten 15. ein prominentes Thema. Die Ansichten über die Ursprünge und Gründe dieser Praxis gingen aber weit auseinander. Während der Franzose Philippe Commynes in den 1490er-Jahren meinte, die Eidgenossen hätten diese Praxis vor zwanzig Jahren in den Burgunderkriegen gelernt,[26] empfanden sie der mailändische Gesandte Moresinus 1497[27] oder der englische Vertreter Sir Richard Pace 1515 als typische Landessitte.[28] Der Mailänder Balcus bemerkte am Ende des 15. Jahrhunderts, dass die Eidgenossen durchaus von beiden jeweils Krieg führenden Parteien Geschenke annähmen,[29] und Jean Barillon, Sekretär der französischen Gesandtschaft 1520, argwöhnte, die Eidgenossen würden Verhandlungen mit Absicht so in die Länge ziehen, «affin de tenir les princes en suspens, prendre argent d'ung costé et d'aultre et faire valoir leur marchandise».[30]

Auszahlung von französischen Pensionen im Luzerner Rathaus 1513.
– *Diebold Schilling d. J.: Luzerner Chronik (1513), Eigentum Korporation Luzern, Fol. 165r. (333).*

Bekanntlich gehört schon die Generation der führenden Politiker zur Zeit der Burgunderkriege zu den Pensionären der europäischen Fürsten: Auf dem Grabstein Niklaus von Diesbachs werden die «pensas magnificas» hervorgehoben, die er für die «patria» eingebracht habe.[31] Auch seine Cousins Wilhelm und Ludwig gehörten zu den Empfängern von Geldzahlungen des französischen Königs, während etwa Adrian von Bubenberg oder Thüring Fricker 1474 Geschenke des burgundischen Herzogs annahmen.[32] Solche Pensionen finanzierten die eidgenössischen Eliten (s. Abb. S. 100).[33]

Die Zusammenarbeit der Eidgenossen und der europäischen Mächte an den Tagsatzungen war keine Selbstverständlichkeit. Denn das föderalistische System der Eidgenossenschaft kam manchem königlichen und fürstlichen Gesandten sehr fremd vor. Die Mitwirkung aller, auch der kleinen Kantone, und der Bevölkerungen etwa im Rahmen der Landsgemeinden,[34] der Zunftversammlungen[35] oder der Ämteranfragen[36] war in Europa völlig unüblich. Diese enorm breite soziale Verankerung der Aussenpolitik wurde von den Gesandten irritiert wahrgenommen und erschwerte die Kommunikation erheblich.

4. Bilanz

Angesichts der komplexen einzelörtischen und eidgenössischen Entscheidungsstrukturen übernahm die Tagsatzung bei der diplomatischen Organisation sowohl der Kriegszüge als auch der Friedenschlüsse eine wichtige koordinierende Funktion. Da die Tagsatzung kein Gremium mit Eigeninteressen war – wie etwa die supranationale Bürokratie der Europäischen Union –, sondern vielmehr eine Kommunikationsplattform der Eidgenossen, war sie der Ort, an dem sich die Kooperation formen und entwickeln oder eben auch scheitern konnte. Auch wenn gerade bei den Burgunderkriegen der Eindruck entsteht, die Eidgenossen hätten auf dem Schlachtfeld mehr erreicht als in den Friedensverträgen – die Waadt und die Freigrafschaft Burgund wurden zwar erobert, doch konnten sie nicht gehalten werden –, dann scheint der Streit für Stettler und den Krieg auszugehen. Sieht man aber, dass die Verwicklung der Eidgenossenschaft in die Burgunderkriege nicht nur zu mehr Schlachten geführt hat, sondern auch zu mehr Tagsatzungen, so möchte man doch Marchal und dem Frieden den Vorzug geben – allerdings in einer innenpolitisch zu ergänzenden Form: Für den inneren Zusammenhalt der Eidgenossen war die Intensivierung und pragmatische Institutionalisierung der Kommunikation ein Haupteffekt der Burgunderkriege. Und zwar ein nachhaltiger. Die Tagsatzung der Eidgenossen verfestigte

Boten des Herzogs von Lothringen bitten die Tagsatzung in Luzern weinend und kniefällig um militärische Hilfe 1474. – *Diebold Schilling: Amtliche Berner Chronik (1483), Bd. 3, Burgerbibliothek Bern, Mss.h.h.I.3, S. 836.*

sich seit den 1470er-Jahren zu einem Gremium, das über Jahrhunderte hin bis 1798 kontinuierlich funktionierte.

Das dürfte die bedeutendste Wirkung der Burgunderkriege für die Eidgenossenschaft gewesen sein. Sie setzte erstens voraus, dass der Herzog von Burgund die eidgenössischen Orte nicht zu erobern vermochte. Genau dies war auch den an Tagsatzungen geschmiedeten Allianzen mit anderen Mächten zu verdanken, wie auch das Bild der Boten des Herzogs von Lothringen zeigt, die kniefällig um militärische Unterstützung bitten (s. Abb. S. 102).

Sie setzte zweitens voraus, dass sich die Orte trotz ihrer gegensätzlichen Interessen und divergierenden inneren Strukturen auf eine minimale, aber für das Überleben als Föderation hinlängliche Form der Kooperation einigen konnten. Dies bot den fremden Mächten neben den personellen Verflechtungen eine institutionelle Vertrauensbasis für effiziente Verhandlungen mit allen diesen eher «komischen» Eidgenossen. Und in welchem Ausmass dies gelang, zeigen die Tausende Tagsatzungen und Konferenzen, zu denen sich die Vertreter der Orte und der fremden Mächte bis 1798 immer wieder trafen – nicht nur zur Kontrolle der Rechnungen aus den Gemeinen Herrschaften, sondern auch und gerade zur Erneuerung von Friedensverträgen und Soldallianzen etwa mit Frankreich (Freiburg 1516/1521 bis Solothurn 1777) und auch und gerade an den Tagen nach den konfessionellen Bürgerkriegen in Kappel 1529 und 1531 oder Villmergen 1656 und 1712.

Anmerkungen

[1] Staatsarchiv Luzern: A1 F1 Schachtel 54.

[2] Würgler, Andreas: Die Tagsatzung der Eidgenossen. Politik, Kommunikation und Symbolik einer repräsentativen Institution in europäischer Perspektive. Epfendorf/Neckar 2012, Einleitung.

[3] Vgl. Kaiser, Jakob (Hrsg.): Amtliche Sammlung der älteren eidgenössischen Abschiede [1245–1798]. 8 Bde in 22 Teilen. Versch. Erscheinungsorte 1856–1886 [=EA 1–8], hier EA 1–2.

[4] EA 2, 3/1, 3/2.

[5] Ausgezählt wurden die Jahre 1470, 1480, 1490, 1500, 1510, Würgler (wie Anm. 2), Kapitel 2.2.3, Grafik 15.

[6] Jucker, Michael: Gesandte, Schreiber, Akten. Politische Kommunikation auf eidgenössischen Tagsatzungen im Spätmittelalter. Zürich 2004.

[7] Würgler, Andreas: Suppliche, istanze e petizioni alla Dieta della Confederazione svizzera nel XVI secolo. In: Nubola, Cecilia; Würgler, Andreas (Hrsg.): Suppliche e «gravamina». Politica, amministrazione, giustizia in Europa (seccoli XIV–XVIII). Bologna 2002, 147–175.

8   Schmid, Regula: Reden, rufen, Zeichen setzen. Politisches Handeln während des Berner Twingherrenstreits 1469–1471. Zürich 1995, 187, mit Verweis auf Zahlen von Vinzenz Bartlome.

9   Würgler (wie Anm. 2), Teil 1, Kap. 1.2.2.

10 Zu Schiner vgl. Deschwanden, Karl; Plattner, Placidus (Bearb.): General-Register zu den Bänden I–IV/1e (1245–1555) der Amtlichen Abschiedesammlung. Chur 1898, 15, 17; Stucki, Guido: Zürichs Stellung in der Eidgenossenschaft vor der Reformation. Aarau 1970, 103–104; zu Pavilliard: Deschwanden, Plattner (wie Anm. 10), 23, 850. Zu Diesbach vgl. Zahnd, Urs Martin (Hrsg.): Die autobiographischen Aufzeichnungen Ludwig von Diesbachs. Bern 1986, 62/63, 66/67, 106–109; Kommentar, 155–183. Seine Söhne liess Diessbach an den Höfen der Herzöge von Lothringen und Savoyen erziehen, 162. Zur Bedeutung der Ausbildung am Hofe für die politische Elite der Schweiz vgl. Zahnd, Urs Martin: Die Bildungsverhältnisse in den bernischen Ratsgeschlechtern im ausgehenden Mittelalter. Bern 1979, 40–44.

11 Würgler (wie Anm. 2), Teil 2, Kapitel 1.1.

12 Würgler, Andreas: «Reden» und «mehren». Politische Funktionen und symbolische Bedeutungen der eidgenössischen Tagsatzungen (15.–18. Jahrhundert). In: Neu, Tim; Sikora, Michael; Weller, Thomas (Hrsg.): Zelebrieren und Verhandeln. Zur Praxis ständischer Institutionen im frühneuzeitlichen Europa. Münster 2009, 89–106.

13 Esch, Arnold: Der Alltag der Entscheidung. Beiträge zur Geschichte der Schweiz an der Wende vom Mittelalter zur Neuzeit. Bern 1998, 293.

14 Stettler, Bernhard: Die Eidgenossenschaft im 15. Jahrhundert. Die Suche nach einem gemeinsamen Nenner. Zürich 2004, 249.

15 Marchal, Guy P.: Ein Staat werden. Die Eidgenossen im 15. Jahrhundert. In: Oschema, Klaus; Schwinges, Rainer C. (Hrsg.): Karl der Kühne von Burgund. Fürst zwischen europäischem Adel und der Eidgenossenschaft. Zürich 2010, 41–51, 42.

16 Würgler, Andreas: Art. Eidgenossenschaft. In: Historisches Lexikon der Schweiz [HLS], Bd. 4. Basel 2005, 114–121 oder e-HLS, http://www.hls-dhs-dss.ch/textes/d/D26413.php (Version vom 5.11.2011).

17 Walder, Ernst: Das Stanser Verkommnis. Ein Kapitel eidgenössischer Geschichte. Stans 1994. Vgl. Würgler, Andreas: Vom Kolbenbanner zum Saubanner. Die historiographische Entpolitisierung einer Protestaktion aus der spätmittelalterlichen Eidgenossenschaft. In: Blickle, Peter; Adam, Thomas (Hrsg.): Untergrombach 1502. Das unruhige Reich und die Revolutionierbarkeit Europas. Stuttgart 2004, 195–215.

18 Vgl. Würgler (wie Anm. 2), Teil 3, Kap. 1.4.3.

19 Braun, Hans: Art. Schilling, Diebold. In: e-HLS, http://www.hls-dhs-dss.ch/textes/d/D14761.php (Version vom 14.11.2011). Zum Realitätsgehalt der Chronikbilder vgl. Bastian Walter: «Und mustent ouch lang vor im knúwen»? Symbolische Kommunikation als Argument für politische Ressentiments der Reichsstadt Bern im Spätmittelalter. In: Rüther, Stefanie (Hrsg.): Integration und Konkurrenz. Symbolische Kommunikation in der spätmittelalterlichen Stadt. Münster 2009, 153–176.

20 EA 2, Nr. 691 (Tagsatzung[?] in Zürich, 22.6.1472), 434; EA 2, Nr. 709 (Tagsatzung in Luzern, 19.5.1473); EA 2, Nr. 731d (Tagsatzung in Luzern, 21.1.1474).

21 Er starb nach seiner Vertreibung aus dem Wallis 1498 in Frankreich. Kalbermatter, Philipp: Art. Silenen, Jost von. In: e-HLS, http://www.hls-dhs-dss.ch/textes/d/D12798.php (Version vom 4.11.2011).

22 EA 2, Nr. 716, S. 452.

23 Schmid, Alfred A. et al. (Hrsg.): Die Schweizer Bilderchronik des Luzerners Diebold Schilling 1513. Sonderausgabe des Kommentarbandes zum Faksimile der Handschrift S. 23 fol. in der

Zentralbibliothek Luzern. Luzern 1981, fol. 86v–87r und 137, Anm. 2–4. Silenen war 1479–1482 Bischof von Grenoble. Vgl. Kalbermatter (wie Anm. 21).

[24] Vgl. zur Debatte Würgler, Andreas: Symbiose ungleicher Partner. Die französisch-eidgenössische Allianz 1516–1798/1815. In: Jahrbuch für Europäische Geschichte 12 (2011), 53–75.

[25] Vgl. dazu Groebner, Valentin: Gefährliche Geschenke. Ritual, Politik und die Sprache der Korruption in der Eidgenossenschaft im späten Mittelalter und am Beginn der Neuzeit. Konstanz 2000, 251–265.

[26] Zit. bei Ceschi, Raffaello: L'immagine degli Svizzeri. In: Scotti, Ranuccio: Helvetia profana e sacra. Relatione fatta da Monsignor Scotti vescovo del Borgo di S. Donino governatore della Marca. Lugano 1991, IX–XIX, IX.

[27] Johannes Moresinus an Herzog Ludovicus Maria Sforza, Luzern 12.1.1497. In: Bizozzero, Eduard: Andreas von Beroldingen. Ein urnerischer Staatsmann in den entscheidenden Jahren ennetbirgischer Politik. Luzern 1935, 220, Nr. 12.

[28] Vgl. Schirmer, Gustav: Die Schweiz im Spiegel englischer und amerikanischer Literatur bis 1848. Zürich, Leipzig 1929, 10f.

[29] Bernoulli, A. (Hrsg.): Balci descriptio Helvetiae. Basel 1884 (Quellen zur Schweizer Geschichte, Bd. 6), 73–105, 82f.

[30] De Vaissière, Pierre (Hrsg.): Journal de Jean Barillon, secrétaire du chancelier Duprat 1515–1521. 2 Bde. Paris 1897–1899, 165.

[31] Sieber-Lehmann, Claudius: Spätmittelalterlicher Nationalismus. Die Burgunderkriege am Oberrhein und in der Eidgenossenschaft. Göttingen 1995, 229.

[32] Ebenda, 119, Anm. 108 (1474).

[33] Körner, Martin: The Swiss Confederation. In: Bonney, Richard (Hrsg.): The Rise of the Fiscal State in Europe, c. 1200–1815. Oxford 1999, 327–357; Groebner (wie Anm. 25); Windler, Christian: «Ohne Geld keine Schweizer»: Pensionen und Söldnerrekrutierung auf den eidgenössischen Patronagemärkten. In: Thiessen, Hillard von; Windler, Christian (Hrsg.): Nähe in der Ferne. Personale Verflechtung in den Aussenbeziehungen der Frühen Neuzeit. Berlin 2005, 105–133.

[34] Schmid (wie Anm. 23), fol. 262v–263r: Die Landsgemeinden in Uri, Schwyz und Unterwalden lehnten 1508 ein Bündnis mit Frankreich ab.

[35] Ebenda, fol. 264rA. Vgl. Erni, Christian: Bernische Ämterbefragungen 1495–1522. In: Archiv des Historischen Vereins des Kantons Bern 39 (1948), 1–124, 12.

[36] Gagliardi, Ernst: Mailänder und Franzosen in der Schweiz 1495–1499. Eidgenössische Zustände im Zeitalter des Schwabenkriegs. 1. Teil. In: Jahrbuch für Schweizerische Geschichte 39 (1914), 1*–283*, hier 106* (Antwort auf 5./6. April) und 248*; Erni (wie Anm. 35), 19–30; Stucki (wie Anm. 10), 90. Vgl. Rogger, Philippe: Gewaltmärkte und Eliten. Staatsbildende Kriege und Pensionenunruhen 1513–1516 in der Eidgenossenschaft, Epfendorf/Neckar [i.V.].

Symmetrie und Gleichgewicht
Schritte zum Frieden in den Bildern der Chroniken Berns und Luzerns im 15. und 16. Jahrhundert
Regula Schmid

1. Friede und Krieg in der Chronistik

«Und wann dem almechtigen gott nit baß gevallet dann menschlicher frid, darumb sol yederman darnach stellen, durch einß gemeinen nutz willen, wann wo friden ist, do wil ouch got sin.»[1]

Diebold Schilling war mit seinem Vorgänger Conrad Justinger einig: Nichts gefällt Gott besser als Frieden, und jedermann soll sich zum Nutzen aller um den Frieden bemühen. Die Menschen des ausgehenden Mittelalters fanden sich in einer Zeit, die geprägt war von Konflikten. Die Angst vor dem Krieg und der Vernichtung von Gut und Leben wurde für die Bewohner breiter Landstriche zur schrecklichen Wirklichkeit. Friede dagegen hiess Sicherheit, Zuversicht und Prosperität.

Der Weg zum Frieden führte durch den Krieg. Die Städte waren durch Kriege gross geworden, ihre Anführer hatten sich im Gefecht bewährt.[2] So auch die Vorfahren Rudolfs von Erlach, die «sich von anfang der statt Bernn und in allen iren kriegen und sachen, namlich in dem strit von Louppen […] darzů in anndern kriegßübungen, da si dann obrest houptlút zů mengen malen gewesen sind, gar mannlich, túrsticlich und mit grosser vernunft gehalten und in keinen dingen nie abgetretten, sunder gar vil eren und gůtz getan und erzöugt haben, deß ein statt von Bernn und alle die iren genossen hat und inen ouch wol erschossen ist… .»[3]

Berns Grösse war aber nicht allein den kriegerischen Qualitäten der Bürger zu verdanken. Die Chroniken haben die Bestrebungen der führenden Männer für das Gemeinwohl insgesamt zum Thema gemacht, und dazu gehören nicht nur «Anfang und Mittel», sondern auch das «Ende» akuter Konfliktphasen. Friedensschlüsse und die Verhandlungen, die zu ihnen führten – oder auch deren Scheitern einleiteten –, sind deshalb genauso Gegenstand der Geschichtsschreibung wie der Krieg.

In Bern und Luzern entstanden in der zweiten Hälfte des 15. und zu Beginn des 16. Jahrhunderts Meisterwerke der politischen Geschichtsschreibung.[4] Von Männern nahe an den Zentren der Macht für die gegenwärtigen und zukünftigen Ratsherren der jeweiligen Stadt verfasst, nahmen sie deren Beobachtungen der Friedensdiplomatie auf und stellten sie in Wort, aber auch Bild dar. Diese Chronikbilder erweisen sich als besonders aussagekräftige Quellen nicht nur für das Kriegsgeschehen, sondern auch für die Analyse von Praktiken der Friedensherstellung im Spätmittelalter.

Die früheste überlieferte bebilderte Chronik des eidgenössischen Raums ist die aus der Zusammenarbeit der Berner Ratsherren Bendicht Tschachtlan und Heinrich Dittlinger hervorgegangene Berner Chronik (1471). Unerreicht in ihrer Gestaltungskraft ist die dreibändige Amtliche Chronik der Stadt Bern (1474–1483), die im Auftrag des Rats von Diebold Schilling geschrieben und in einem Werkstattbetrieb mit mehreren Mitarbeitern hergestellt wurde. Sie wurde vom Bremgartner Bürgermeister, Werner Schodoler, als Vorlage für eine ebenfalls dreibändige Chronik übernommen (um 1510–1535), deren Illustrationen aber nicht vollständig ausgeführt sind. Als für den Verkauf bestimmtes Exemplar wird die von Schilling geschriebene, von einer unbekannten Hand illustrierte und von mehreren Personen gemalte «grosse Burgunderchronik» (fertiggestellt 1484) verstanden, die 1486 nach Zürich verkauft wurde. Sie beeinflusste da sowohl in Text wie auch Bild die bereits in Arbeit befindliche Chronik Gerold Edlibachs (1486–1517/1530), die ihrerseits kopiert und fortgesetzt wurde (1506/07). Die Illustrationen der im Auftrag von Altschultheiss Rudolf von Erlach von Schilling ausgeführten Chronik («Spiezer Bilderchronik», 1485) gehören zu den herausragendsten des europäischen Spätmittelalters. Die Berner Produktion nahm sich der Luzerner Kleriker Diebold Schilling, Neffe des Berner Chronisten, zum Vorbild für sein mit Bildern von höchstem Detaillierungsgrad ausgestattetes Werk (fertiggestellt 1513). Weitere Werke des 15. und beginnenden 16. Jahrhunderts wurden nicht fertig ausgestattet (Melchior Russ d. J., Luzern 1482) oder sind nicht mehr erhalten (Johannes Lenz, Reimchronik des Schwabenkriegs, 1500; eine bebilderte Weltchronik des Valerius Anshelm, um 1510).

Die Bilder der Chroniken der Berner Ratsherren Bendicht Tschachtlan und Heinrich Dittlinger und der beiden Diebold Schilling, Onkel und Neffe, in Bern und Luzern erhielten seit dem ausgehenden 19. Jahrhundert grosse Beachtung als Quellen der Architektur-[5] und Alltagsgeschichte sowie der Realienkunde.[6] Dennoch wurden sie höchstens bei der Illustration von Einzelfällen zur Analyse der nonverbalen Kommunikation herangezogen. Und obwohl in den letzten zwanzig Jahren der Friede zu einem grossen Thema der Mittelalterforschung geworden ist,[7] wurden die Friedenspraktiken der Eidgenossen im ausgehenden Mittelalter bislang nicht systematisch untersucht. Die folgenden Ausführungen liefern erste Erkenntnisse dazu und rücken zugleich die Bilder als Quellen in den Mittelpunkt der Betrachtung.

2. Chronikbilder als historische Quellen

Bilder geben den Texten zusätzliche Tiefe und vermitteln Details, die in der Regel keinen schriftlichen Niederschlag finden. Dazu gehören Hierarchien und Abhängigkeiten zwischen den an der Vermittlung beteiligten Personen, Gesten, Unterscheidungsmerkmale wie Kleider oder Abzeichen. All diese Elemente der nonverbalen Kommunikation wurden von den Zeitgenossen scharf beobachtet. Sie sind für das Zustandekommen (oder Scheitern) diplomatischer Vermittlung von zentraler Bedeutung.

Der Gebrauch von Bildern eröffnet allerdings methodische Fragen zum Verhältnis von Abbildung und Wirklichkeit. Illustrieren die Zeichner wirklich die «Realität» oder greifen sie vielmehr auf traditionelle Bildkonventionen zurück? Verbildlichen sie das, was sie im Chroniktext lesen, oder etwas, das sie selber oder eine Gewährsperson gesehen haben? Sind sie geschickt genug, um das, was sie ausdrücken wollen, auch wirklich auszudrücken? (Der Zürcher Gerold Edlibach, der ab 1486 seine Chronik selbst illustrierte, malte Personengruppen gerne als hinter ein Sims gestellte «Büsten», erst als er Diebold Schillings Manuskript der Burgunderchronik in den Händen hielt, wagte er sich daran, Ganzfiguren und Gesten darzustellen.[8]) Drei methodische Grundsätze seien festgehalten:

Erstens sind Bilder in Chroniken Teil eines Werks der Geschichtsschreibung, dessen Text sie unterstützen und weitererzählen. Ihre Analyse muss deshalb den sie umgebenden Text und die anderen Bilder im gleichen Buch mit berücksichtigen.[9] Zweitens haben sich die Buchmaler des 15. Jahrhunderts weit von der schematischen Bildsprache des Hochmittelalters entfernt. Einzelne Darstellungskonventionen lassen sich zwar über Jahrhunderte zurückverfolgen. Insgesamt tendieren die Bilder nach 1400 aber zur individualisierten, «realistischen» Darstellung.[10] Gründe dafür sind einerseits in der Ausrichtung der Chroniken auf ein städtisches Laienpublikum zu suchen, das sich vorwiegend für die Geschichte seiner eigenen Umgebung interessierte.[11] Andererseits setzt sich im 15. Jahrhundert ein vertieftes Verständnis der Historienmalerei (also der Darstellung von Szenen, die eine Geschichte erzählen) als wichtigster Bildgattung durch. Deren Definition verlangte eine Gestaltungsweise, welche beim Betrachter eine der dargestellten Handlung entsprechende, emotionale Wirkung erzielen sollte.[12] Drittens waren die Buchmaler darum besorgt, die Aussage der Bilder möglichst unmissverständlich zu formulieren.[13] Zwei Möglichkeiten standen ihnen zur Verfügung: Sie verliessen sich darauf, dass die Betrachter mithilfe des nebenstehenden Texts das Bild interpretieren konnten, oder sie stellten die Situation so dar, dass sie sich aufgrund von Hinweisen im Bild selbst erschliessen liess. In diesem zweiten Fall mussten sie für das Publikum erkennbare Zeichen nutzen – etwa, indem sie eine Stadt mit dem Wappen über dem Tor markierten.[14] So wussten die Betrachter, dass Bern dargestellt war, auch wenn der Künstler die Stadt an einen grossen See verlegt hatte.[15] Wie die Analyse der Stadtdarstellungen zeigt, erhöhte auch die Wiederholung eines gleichen Bildelements die Wahrscheinlichkeit, das Dargestellte eindeutig identifizieren zu können.[16] Das Bemühen um inhaltliche Klarheit lässt sich auch an den schriftlichen Anweisungen der Chronisten an die Bildgestalter ablesen; sie sind in zahlreichen Fällen unter und neben den Illustrationen noch sichtbar.

Im ausgehenden 15. Jahrhundert waren die Angehörigen der städtischen Führungsgruppen das erste Publikum der Bilderchroniken. Ihre Fähigkeit, die Chronikbilder zu verstehen, konnte von ihrer Kenntnis von künstlerischen Traditionen abhängen, war aber in noch viel grösserem Mass eine Folge ihrer Vertrautheit mit den Personen, Orten und Ereignissen, deren Geschichte in den Chroniken erzählt wurde.[17] Obschon also Konvention, die Anforderungen der Bilderzählung und die künstlerischen Fähigkeiten der Zeichner die Art der Darstellung wesentlich beeinflussten, so hatte doch der Gegenstand für die Betrachter erkennbar zu sein und durfte die Bildaussage nicht im Widerspruch zu den Erfahrungen, Vorstellungen und Annahmen des Publikums stehen. Die Bilder der spätmittelalterlichen Chroniken der Eidgenossenschaft können deshalb als stilisierte Darstellungen realistischer Gegebenheiten verstanden und als Quellen – und nicht nur als mehr oder weniger passende Illustrationen einer anderweitig hergeleiteten Aussage – genutzt werden.

3. Diplomatie und Friede in den Berner und Luzerner Chroniken

Nicht alle Chroniken bringen diplomatische Handlungen zur Darstellung. In Diebold Schillings «Grosser Burgunderchronik» fehlen bis auf eine Ausnahme[18] entsprechende Bilder, obschon der Autor im Text auf zahlreiche diplomatische Aktionen und Friedensschlüsse hinweist. Die weitaus meisten derartigen Illustrationen enthält die 1513 fertiggestellte Luzerner Chronik des jüngeren Schilling.

Die «nonverbale Sprache des Friedens» lässt sich an den Bildern der Luzerner und der Berner Chroniken gut untersuchen, weil die einzelnen Illustratoren weitgehend unabhängig voneinander gearbeitet haben (mit der Ausnahme des Zeichners des Spiezer Schilling, der auch am dritten Band der Amtlichen Chronik mitwirkte).[19] Zwar nutzten sie offenbar Skizzenbüchlein, die für gewisse

Abb. 1: Bemühungen der Eidgenossen um einen Friedensschluss im Raronhandel 1419. Boten der Parteien reisen zu Pferd und zu Schiff nach Zug.
– *Diebold Schilling: Spiezer Chronik (um 1485/86), Burgerbibliothek Bern, Mss.h.h.I.16, S. 738.*

darstellerische Gemeinsamkeiten sorgten.[20] Gerade bei der Ausführung der Figuren unterscheiden sich die einzelnen Künstler aber deutlich. Finden sich nun in den von unterschiedlichen Zeichnern gestalteten Illustrationen die gleichen Gesten und Objekte im Zusammenhang mit Friedensschlüssen, so lässt dies darauf schliessen, dass diese von den Zeitgenossen als wirklichkeitsgetreu wahrgenommen wurden. Unterschiedliche Bildlösungen der gleichen Szene in zwei oder mehr Chroniken erlauben dagegen die Vorgehensweise der Illustratoren zu beurteilen.

4. Momente des Vermittlungsbemühens

«Anfang»
Im ausgehenden Mittelalter wurden Erzählungen im historischen, im politischen oder auch im juristischen Kontext nach der Formel «Anfang», «Mittel» und «Ende» konstruiert.[21] In Bilder vom Anfang, Verlauf und Abschluss lassen sich denn auch die Bilderzählungen zu Friedensbemühungen einteilen.

Die erste Phase findet ihren Auftakt in der Kontaktaufnahme zu möglichen Vermittlern. Diese Vorgespräche finden in den Quellen selten Niederschlag, nicht zuletzt, weil sie noch nicht unter Einbezug der ganzen Ratsöffentlichkeit geführt wurden. Erst wenn die Vermittlung in Gang gekommen ist, wird sie schriftlich und im Bild erwähnt. Bildlich umgesetzt wird der Beginn diplomatischer Vermittlung durch die Darstellung von Boten. Sie nähern sich den Parteien zu Pferd oder (wenn dies die geografische Lage verlangt) zu Schiff. (Abb. 1) Das Reiten als Metapher des aufopfernden Bemühens um Frieden findet seine Entsprechung in der Sprache: das Verb «reiten» bedeutet nicht nur die Tätigkeit selbst, sondern heisst, erweitert um das Objekt «zwüschen den sachen» oder «zu den sachen ritten», «reisen in diplomatischen Auftrag» und sogar konkret «vermitteln».[22] So formulierte Diebold Schilling im «Spiezer Schilling» zu den Bemühungen um einen Waffenstillstand im Sempacher Krieg:

«Do *ritten* aber die richstet von dem grossen punde zwüschen den sachen und wurben an hertzog Albrechten und an hertzog Wilhelmen, ouch an hertzog Ernsten und an hertzogen Fridrichen umb einen friden zwüschen inen und den Eidgnossen; deß wart inen von beiden teilen gönnen. Also machten si einen friden biß zer lichtmeß. Und ee der frid sich endet, do *ritten* aber die richstette und *arbeitent sich in den sachen* und machten aber einen friden von liechtmeß, do man zalt MCCCLXXXVii untz wider zer liechtmeß im LXXXViii jare».[23] Friedensvermittlung war harte körperliche Arbeit, auch für jene Gesandten, welche

Abb. 2: Der Herzog von Lothringen, René II., verhandelt mit den
Eidgenossen in Luzern. – *Diebold Schilling d. J.: Luzerner Chronik (1513),
Eigentum Korporation Luzern, Fol. 111r (225).*

1448 den Friedensschluss zwischen Freiburg, Savoyen und Bern erreichten:

«Und also in dem vorgenanten jar, do *ritten* zů den sachen botten von Frenckenrich und Burgunn, darzů gemeiner Eidgnossen botten von stetten und lendern. Die machten *mit grosser müg und arbeit* einen friden und bericht in semlichen worten, dz die alten puntnúsen wurden abgesprochen.»[24]

Die Mühe und Arbeit des «Reitens» ist abgeschlossen, wenn die Konfliktpartner am Ort der Vermittlung zusammengekommen sind. An dieser Stelle ergibt sich für die Illustratoren erstmals die Gelegenheit, die Personen so im Bild zu positionieren und mit Gesten auszustatten, dass die Hierarchie zwischen den Parteien deutlich wird: So kniet Niklaus von Diesbach als Bote der Eidgenossen vor dem thronenden König von Frankreich, den Hut in Händen, ebenso wie dies eine bernische Delegation vor Karl dem Kühnen tut.[25] Der Herzog von Lothringen, René II., oder die in reiche Gewänder gehüllten Boten des ungarischen Königs Matthias Corvinus sitzen aber auf gleicher Augenhöhe mit den Eidgenossen am Luzerner Ratstisch[26] – in beiden Fällen traten die Adligen als Bittsteller der Eidgenossen auf, von denen sie Kriegshilfe brauchten. (Abb. 2)

«Mittel»
Die meisten Bilder zur Friedensdiplomatie zeigen aber nicht Anreise, Ankunft und Empfang, sondern die Verhandlung selbst. Sie ist ihrerseits in Handlungsbereiche aufgeteilt: Die Illustratoren zeigen die Vertreter der streitenden Parteien beim Vortrag ihrer Anliegen, bei der Diskussion oder bei der Entgegennahme des Schiedsurteils.

Die an der Friedensverhandlung beteiligten Parteien sind deutlich gekennzeichnet. Die Zusammengehörigkeit der Personen einer Partei ist ausgedrückt, indem sie einander zugewandt, im Kreis oder jedenfalls eng beisammen stehend dargestellt werden. Aus der Gruppe ist jeweils ein Wortführer hervorgehoben; er ist in der Regel über den Chroniktext namentlich identifizierbar. Die unterschiedliche Kleidung unterscheidet die Gruppen ebenfalls. Dies ist etwa der Fall bei der Darstellung des durch König Ruprecht herbeigeführten Friedens am Bodensee 1408, in der sich die Appenzeller und ihre Verbündeten von ihren adligen Gegnern durch die grossen Federbüsche an den Hüten unterscheiden.[27] (Abb. 3)

Die Gegenüberstellung der Parteien wird durch die Position im gezeichneten Raum unterstrichen: Hoch abstrahiert erscheint dies in der Darstellung des auf das Jahr 1256 gesetzten, legendären «Tags von Bolligen», der für einen Friedensschluss zwischen dem Grafen von Kyburg und Bern mit ihrem Fürsprecher,

Abb. 3: König Ruprecht vermittelt den Frieden im Appenzeller Krieg. Links des thronenden Königs stehen die Fürsten und Adligen einander zugewandt, mit offenen Händen argumentierend. Auf der rechten Seite haben sich die Appenzeller und ihre Verbündeten versammelt. Einander zugewandt, die Arme verschränkt, zeigen sie ihre Abwehr. Gekennzeichnet sind sie durch die Federbüsche an den Hüten. – Diebold Schilling: *Spiezer Chronik* (um 1485/86), Burgerbibliothek Bern, Mss.h.h.I.16, S. 533.

Abb. 4: Tag von Bolligen: Der Graf von Kyburg beleidigt seinen Gegner, indem er sich zur Begrüssung nicht erhebt. – *Diebold Schilling: Spiezer Chronik (um 1485/86), Burgerbibliothek Bern, Mss.h.h.I.16, S. 87.*

Abb. 5a: Tag von Bolligen: Der Graf von Kyburg beleidigt seinen Gegner, indem er sich zur Begrüssung nicht erhebt. – *Diebold Schilling: Amtliche Berner Chronik (1483), Bd. 1, Burgerbibliothek Bern, Mss.h.h.I.1, S. 29.*

Abb. 5b: Tag von Bolligen: Der Graf von Savoyen erwidert die Beleidigung des Kyburgers auf die gleiche Weise. – *Diebold Schilling: Amtliche Berner Chronik (1483), Bd. 1, Burgerbibliothek, Mss.h.h.I.1, S. 30.*

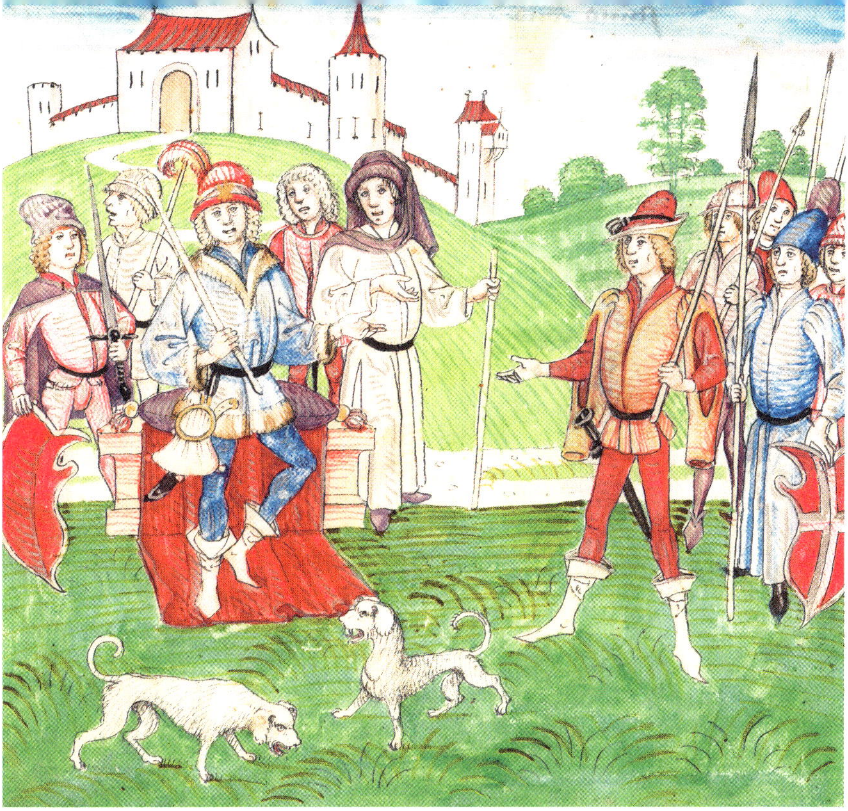

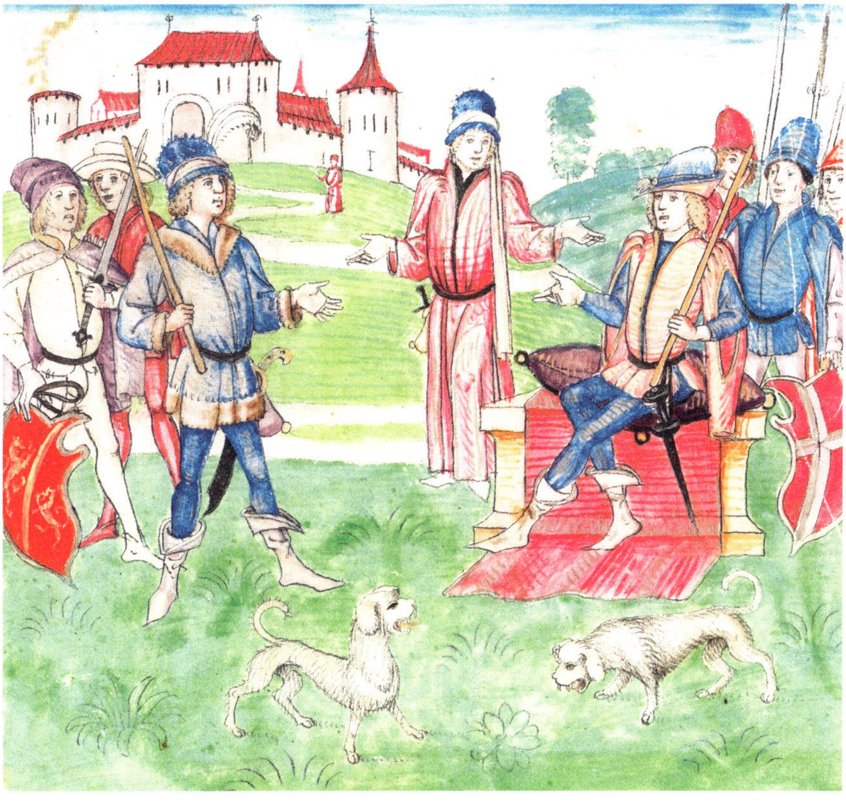

Abb. 6: Schiedsgericht im Krieg zwischen Bern und Freiburg 1446 durch
den Pfalzgraf am Rhein, Herzog Ludwig. Der Vermittler ist hinter einer Mauer
dargestellt. – *Diebold Schilling: Spiezer Chronik (um 1485/86), Burgerbibliothek Bern, Mss.h.h.I.16, S. 762.*

dem Grafen von Savoyen, angesetzt worden war. Als der Savoyer dem Kyburger entgegentrat, blieb dieser allerdings sitzen, eine Beleidigung, die zum sofortigen Abbruch der Verhandlungen führte. Bei einem erneuten Versuch gab dann der Graf von Savoyen mit gleicher Münze zurück und blieb seinerseits sitzen. Diese Szene erscheint im Bild in der Spiezer Bilderchronik sowie bei Tschachtlan und in der Amtlichen Chronik der Stadt Bern. Während der Illustrator der Spiezer Chronik die Szene in einem Bild zusammenfasst (Abb. 4), brauchen Tschachtlan und die Amtliche Berner Chronik zwei Bilder.[28] (Abb. 5a, 5b) Die Bilder der Amtlichen Chronik haben geradezu symbolischen Gehalt: Sie sind streng symmetrisch aufgebaut, das eine Bild spiegelbildlich zum andern. Der Savoyer erscheint aber in beiden Fällen rechts im Bild. Vor jedem Adligen erscheint ein Hund. Derjenige, der vor dem sitzenden Grafen platziert ist, richtet den Kopf nach unten, der andere nach oben. Sie unterstreichen so die Symmetrie einer Szene, in der «Gleich mit Gleich» vergolten wird, zusätzlich. Der hohe Abstraktionsgrad der Darstellung ist sicher auf die Tatsache zurückzuführen, dass die angebliche Begegnung der beiden Grafen einer Tradition mit einem zweifelhaften historischen Kern entspricht.

Im Zentrum der Friedenshandlung stehen jeweils die mit der Schlichtung beauftragten Personen. Sie werden zwischen den beiden Parteien gestellt, von diesen abgegrenzt, auf einem Podium oder, wie im Fall der Darstellung des durch Pfalzgraf Herzog Ludwig in Konstanz zur Vermittlung des Kriegs zwischen Bern und Freiburg 1446 durchgeführten Schiedsgerichts, hinter einer Mauer.[29] (Abb. 6) Der Mittler befindet sich also in der Mitte – hier wird besonders deutlich, dass die Bildsprache dazu tendiert, Vorgaben der gesprochenen Sprache sozusagen «wörtlich» ins Bild zu übersetzen.

Speziell für Friedensverhandlungen gemachte Gesten sind, im Gegensatz zu Gesten des Kriegs, nicht auszumachen, sie zeigen allgemein Gespräche und Verhandlungen an. Unterschieden werden können Gesten, welche die Rede unterstreichen, und Gesten, welche ein- und ausschliessende Bewegungen unterstützen, dazu kommen spezifische Spottgesten und solche, die physischen Kontakt beinhalten.

Vor allem die Figuren in der Chronik für Rudolf von Erlach zeichnen sich durch die Betonung der Gestik aus. Die vom Zeichner benutzten Hand- und Armstellungen basieren auf alten Traditionen der bildlichen Darstellung. Sie sind aber auch sofort als wirklichkeitsnahe, auch heute gebräuchliche Haltungen erkennbar, mit denen in Diskussionen etwa das Aufzählen einzelner Argumente ausgedrückt oder eine Aussage unterstrichen wird. So zeigt ein argumentieren-

Abb. 7: Der Herr von Everdes begegnet dem Berner und Freiburger Fussvolk. Seine Gestik signalisiert Gesprächsbereitschaft, während die Anführer der Verbündeten bereits die Hand an der Waffe haben.
– *Diebold Schilling: Amtliche Berner Chronik (1483), Bd. 1, Burgerbibliothek Bern, Mss.h.h.I.1, S. 156 [Ausschnitt].*

Abb. 8: Der Herr von Everdes begegnet den verbündeten Bernern und Freiburgern, deren höhnische Mimik darauf hinweist, dass seine Friedensanträge umsonst sind. – *Bendicht Tschachtlan: Bilderchronik (um 1470), Zentralbibliothek Zürich, Ms.A 120, S. 220 [Ausschnitt].*

der Verhandlungspartner mit dem rechten Zeigefinger auf die linke, offene Handfläche, ein anderer scheint einzelne Punkte an den Fingern abzuzählen, offene, gegen oben gewandte Hände mögen ein Angebot ausdrücken. Abwehr wird durch verschränkte Arme gekennzeichnet oder auch wenn der Zeigefinger gegen den Boden deutet oder das Gesicht abgewandt wird und dem Gegner im wahrsten Sinn des Worts der Rücken gekehrt wird. Dagegen arbeiten die Zeichner kaum mit der Mimik; gerade im «Spiezer Schilling» scheinen die Figuren auch in ärgster Bedrängnis immer freundlich zu lächeln. Umso mehr fällt dann eine Szene auf, in der im Bild eine Botschaft transportiert wird, die im Text fehlt: Tschachtlan, die Amtliche Chronik der Stadt Bern und die Chronik für Rudolf von Erlach berichten, wie Freiburg und Bern 1349 gegen den Herrn von Grüningen (Othon d'Everdes) ein Bündnis schlossen. Der Adlige wollte Verhandlungen aufnehmen, doch die Verbündeten waren bereits daran, seine Burg zu zerstören. Diese Szene wird in den drei Manuskripten unterschiedlich dargestellt. Während der Spiezer Schilling den Auszug ohne das Vermittlungsmoment bzw. ohne den befehdeten Adligen zeigt, berichtet das Bild in der Amtlichen Chronik wie der Herr von Everdes mit zwei Berittenen dem Berner und Freiburger Fussvolk begegnet. (Abb. 7) Die Gestik – offene rechte Hand des Adligen – zeigt dessen Gesprächsbereitschaft, während die Gestik der Anführer der verbündeten Truppen auf deren wahre Absicht verweist: Sie haben eine Hand an der Waffe, während die andere Hand im Gesprächsgestus parallel zur Gestik des Adligen geöffnet ist. Tschachtlan geht nun noch weiter.[30] Die verbündeten Freiburger und Berner zeigen mit dem Finger auf den berittenen Adligen und lachen. (Abb. 8) Offensichtlich verspotten sie ihn. Dieser Spott macht im Kontext der Erzählung Sinn, wird aber in keinem der Texte erwähnt. Die Szene ist parallel zu sehen mit einer in der Spiezer Bilderchronik (S. 244), die zeigt, wie friedenswillige Berner im Vorfeld des Laupenkriegs von jungen Adligen verspottet werden, die ihnen die Zunge und Eselsohren zeigen.

Aussergewöhnlich in der Darstellung diplomatischer Verhandlungen sind körperliche Berührungen. Sie gehören zu Momenten der Krise, und aus ihrer Erwähnung im Text wie auch in der Bilderzählung lässt sich schliessen, dass sie eben nicht Bestandteil «normaler» diplomatischer Handlungen sind. Das prominenteste Ereignis, bei dem es im wahrsten Sinn des Worts «ans Lebendige» ging, war die Ermordung des burgundischen Herzogs Johann Ohnefurcht anlässlich von Friedensverhandlungen auf der Brücke von Montereau im Jahr 1419. Es ist nur im ersten Band in Diebold Schillings Amtlicher Chronik der Stadt Bern dargestellt.[31] (Abb. 9) Als körperlicher Übergriff ist dann das Verhal-

Abb. 9: Ermordung des Herzogs von Burgund, Johann Ohnefurcht, auf der Brücke von Montereau anlässlich von Friedensverhandlungen mit dem Dauphin von Frankreich (dem künftigen Karl VII.). – *Diebold Schilling: Amtliche Berner Chronik (1483), Bd. 1, Burgerbibliothek, Mss.h.h.I.1, S. 444.*

Abb. 10: Peter von Hagenbach hindert die Eidgenossen unter
Anführung Niklaus' von Diesbach daran, ihre Klagen Kaiser Friedrich
vorzutragen. – *Diebold Schilling d. J.: Luzerner Chronik (1513),
Eigentum der Korporation Luzern, Fol. 80r (161).*

Abb. 11: Französische Gesandte überbringen den Vertretern der eidgenössischen Stände am 6. September 1474 den vom französischen König ausgestellten und besiegelten Friedensvertrag «Die Ewige Richtung». Die Vertreter der eidgenössischen Stände sitzen auf Holzbänken, ihre prächtige Kleidung unterstreicht die Feierlichkeit des Anlasses. Draussen warten die drei Pferde der französischen Gesandten. – *Diebold Schilling: Amtliche Berner Chronik (1483), Bd. 3, Burgerbibliothek Bern, Mss.h.h.I.3, S. 247.*

ten des burgundischen Landvogts Peter von Hagenbach in der Luzerner Bilderchronik des jüngeren Schilling dargestellt, der im September 1473 eine eidgenössische Gesandtschaft in Basel daran hinderte, ihre Klagen Kaiser Friedrich vorzutragen. Mit dem Zeremonialstab in der Hand drängt er den Berner Schultheissen Niklaus von Diesbach und die ihn begleitenden Eidgenossen zurück.[32] Wiederum in direkter Übersetzung der Bildsprache «tritt» Hagenbach den Eidgenossen «nahe» – die Darstellung unterstützt also die Interpretation des Vorgangs als ungehöriger Übergriff Hagenbachs. (Abb. 10) Die Darstellung Peters von Hagenbach als anmassender Ratgeber, der sich in ungehöriger Weise zwischen seinen Herrn, den Herzog von Burgund, und die Eidgenossen stellt, ist übrigens sowohl in der Amtlichen Chronik wie auch in der Grossen Burgunderchronik im Text und bildlich umgesetzt: als die Berner im Namen der Eidgenossen 1474 vor dem Herzog ihre Bereitschaft zum Frieden bekunden wollten, mussten sie die Demütigung auf sich nehmen, lange vor dem Herzog zu knien, da «der von Hagenbach im alzit necher dann ander in oren lag und inn nit gůtes underwiset».[33]

«Ende»
Auch der Moment des Friedensschlusses selbst kommt zur Darstellung. Der Vergleich von Text und Bild zum Abschluss der Ewigen Richtung 1474 im dritten Band der Amtlichen Berner Chronik vermag zu zeigen, welche textlichen Elemente ins Bild übernommen werden. Der Text erzählt, dass namentlich genannte französische Boten mit der besiegelten Urkunde zu den Eidgenossen nach Luzern kamen. Diese waren zu einer Schlusslesung des Texts und zur Besiegelung der Urkunde aufgefordert. Alle Orte brachten deshalb ihre Siegel nach Luzern, mit Ausnahme der Unterwaldner, die wegen eines Rechtsstreits erst später siegelten.[34] Das zugehörige Bild (Abb. 11) zeigt reitende Boten mit einer Urkunde in der Hand. Nur aus dem Text lässt sich demnach ablesen, worum es eigentlich ging, das Bild ist Illustration und enthält keine weiterführenden Informationen. Ähnlich stellten die Illustratoren der Luzerner Chronik die Beilegung eines Grenzstreits zwischen Bern und Solothurn durch eidgenössischen Schiedsspruch unter Vermittlung der Luzerner 1498 dar:[35] (Abb. 12) Auf einem städtischen Platz heben die barhäuptigen Boten Berns und Solothurns die Schwurhand vor einem Kleriker, der eine besiegelte Urkunde verliest, und drei weiteren Gesandten. Vielleicht sind die balzenden Störche auf dem Giebel des einen Hauses als Symbole für die «gůte früntschafft» zu verstehen, die gemäss Schilling durch diese Versöhnung wieder hergestellt wurde – naturalistisches Beiwerk

Abb. 12: Beilegung eines Grenzstreits zwischen Bern und Solothurn
in Luzern 1498. Die balzenden Störche auf dem Hausdach sind vielleicht
Symbol der «guten Freundschaft», die hier wieder hergestellt wird.
– *Diebold Schilling d. J.: Luzerner Chronik (1513), Eigentum der
Korporation Luzern, Fol. 166v (336).*

Abb. 13: Versöhnung von Luzern und Bern nach Grenzkonflikten im Jahr 1421: «Also wurden durch andre Eitgnossen die zwey ort eins…».
– *Diebold Schilling d. J.: Luzerner Chronik (1513), Eigentum der Korporation Luzern, Fol. 67r (135).*

sind sie wohl nicht, fand doch die Austragung des Konflikts im August statt! Noch weiter näherten sich die Maler der Luzerner Chronik bei der Darstellung einer Versöhnung Luzerns und Berns nach Grenzkonflikten im Jahr 1421 einer symbolischen Überhöhung des Friedensschlusses an.[36] Gemäss dem Chronisten hatten auf beiden Seiten Gerüchte die Angst vor einem Angriff der Bundesgenossen so sehr geschürt, dass sich die Bevölkerung zum Auszug sammelte. Erst als jede Partei ihre Boten ausschickte, wurde deutlich, dass die Meldungen falsch waren: «Also wurdend durch andre Eitgnossen die zwey ort eins…» – eine Einmütigkeit, die kurz darauf durch eine Einladung der Berner an die Luzerner Fasnacht bestätigt wurde. Das Bild zur freundlichen Versöhnung ist symmetrisch aufgebaut. (Abb. 13) Im linken Bildhintergrund erheben sich Türme und Mauern der Stadt Bern, rechts diejenigen der Stadt Luzern. Beide Städte sind an ihren typischen Bauten sowie am Wappen über dem Stadttor erkennbar. Die zwei Bildhälften sind durch ein Gebüsch im Vordergrund und einen dahinter sich erhebenden Hügel getrennt. Auf dem Hügel stehen sich Repräsentanten der beiden Städte gegenüber. Von links und rechts nähern sich deren Truppen mit dem Banner, die Hände der Vorangehenden sind zur Begrüssung ausgestreckt. Die Gegenüberstellung von Stadtsilhouetten und Personengruppen unterstreicht die Symmetrie der Darstellung. Das daraus entstehende Gleichgewicht entspricht heraldischen Konstruktionen, wie sie am auffälligsten im sogenannten Arbedo-Denkmal, einem Sinnbild der Freundschaft von Luzern und Uri, zutage tritt.[37]

5. Friedenssymbolik?

Gesten und Symbole, die ausschliesslich dem Friedensschluss vorbehalten sind – etwa der Kuss, der die Versöhnung zweier Könige verwirklicht[38] –, lassen sich in den Bilderchroniken – und davon ausgehend in den diplomatischen Gewohnheiten der Eidgenossen – nicht eruieren. Es sind vielmehr gestische und verbale Handlungen der Verabredung, Vermittlung, der Freundschaft und der Ehrerweisung, die sich im Rahmen von Friedensprozessen zu einem spezifischen Muster verdichten. Wenn eine Darstellungsweise heraussticht, dann wohl die Symmetrie, eine Betonung der Gleichheit der beiden Seiten; eine Balance, in deren Mitte der Vermittler steht.

Friedensschlüsse waren stets das Resultat intensiver diplomatischer Bemühungen. Das Gebot war, einen Ausgleich zu finden, der beiden Konfliktparteien das Gefühl gab, etwas erreicht zu haben – selbst wenn, in den abschätzigen Worten Justingers, im Frieden des Appenzeller Kriegs «schad gein schad und gul gegen gurren», also Schaden mit Schaden und ein Klepper für eine schlechte Mähre aufgerechnet wurde![39] Die Chronisten kannten die Rolle, die Vermittler in Konflikten spielten, aus eigener Anschauung. Und sie waren sich bewusst, wie prekär Friede sein konnte. Friede als Herstellung einer Balance – sowohl die Chronisten wie auch die Illustratoren verwiesen mit den ihnen zur Verfügung stehenden Mitteln nicht nur auf reale Gegebenheiten, sondern immer auch auf ein Ideal.

Anmerkungen

[1] Haeberli, Hans; von Steiger, Christoph (Hrsg.): Diebold Schillings Spiezer Bilderchronik. Kommentar zur Faksimile-Ausgabe der Handschrift Mss. hist. helv. I. 16 der Burgerbibliothek Bern. Luzern 1991, Kap. 42 [zit. Spiezer Bilderchronik].

[2] Studer, Gottlieb (Hrsg.): Die Berner-Chronik des Conrad Justinger. Nebst vier Beilagen: 1) Chronica de Berno. 2) Conflictus Laupensis. 3) Die anonyme Stadtchronik oder der Königshofen-Justinger. 4) Anonymus Friburgensis. Bern 1871, 2: «Und wond die keyserlich stat Bern in Burgenden durch ir vordren har mit grosser wisheit und mit geturstiger manheit, mit vil note und arbeit, mit grossen eren harkomen und erbuwen ist, und sich mit manheit vil erstritten und erfochten und vor iren vigenden erwert und beschirmet hand …»

[3] Spiezer Bilderchronik (wie Anm. 1), Kap. 2.

[4] Schmid, Alfred A. (Hrsg.): Tschachtlans Bilderchronik. Faksimile-Ausgabe der Handschrift Ms. A 120 der Zentralbibliothek Zürich. Luzern 1988 [zit. Tschachtlan]; Bloesch, Hans; Paul Hilber (Hrsg.): Diebold Schilling, Berner Chronik. Faksimile, 4 Bde. Bern 1942–1945 [zit. Amtliche Berner Chronik]; Alfred A. Schmid (Hrsg.): Die Grosse Burgunder Chronik des Diebold Schilling von Bern, «Zürcher Schilling». Faksimile-Ausgabe der Handschrift Ms. A 5 der Zentralbibliothek Zürich. Luzern 1985 [zit. Zürcher Schilling]; Spiezer Bilderchronik (wie Anm.1); Schmid, Alfred A. (Hrsg.): Die Schweizer Bilderchronik des Luzerners Diebold Schilling 1513. Faksimile der Handschrift S. 23 fol. in der Zentralbibliothek Luzern. Zürich 1981 [zit. Schweizer Bilderchronik].

[5] Zemp, Josef: Die schweizerischen Bilderchroniken und ihre Architektur-Darstellungen. Zürich 1897; Bartlome, Vinzenz: Die Städte des Zürcher Schilling. Architekturdarstellung zwischen Chroniktext und Realität. Seminararbeit Universität Bern. Bern 1984 (Typoskript); Schmid, Regula: Turm, Tor und Reiterbild. Ansichten der Stadt in den Bilderchroniken des Spätmittelalters. In: Roeck, Bernd (Hrsg.): Stadtbild der Neuzeit. 42. Arbeitstagung des Südwestdeutschen Arbeitskreises für Stadtgeschichtsforschung. Ostfildern 2006, 65–83; Schmid, Regula: Die Stadtansichten in den Schweizer Bilderchroniken. In: Roeck, Bernd et al. (Hrsg.): Die Stadt, ein Kunstwerk. Das Bild der Schweizer Stadt (15.–20. Jahrhundert), Zürich 2012 (im Druck).

[6] Pfaff, Carl: Staat und Gesellschaft im Spiegel der Chronikillustrationen des Berner und des Luzerner Schilling. In: Der Geschichtsfreund 135 (1982), 89–116; Kaiser, Peter: Die «Spiezer» Chronik des Diebold Schilling als Quelle für die historische Realienkunde. In: Haeberli, Hans; Steiger, Christoph von (Hrsg.): Die Schweiz im Mittelalter in Diebold Schillings Spiezer Bilderchronik. Studienausgabe zur Faksimile-Edition der Handschrift Mss. hist. helv. I. 16 der Burgerbibliothek Bern. Luzern 1991, 73–134.

[7] Offenstadt, Nicolas: Faire la paix au Moyen Âge. Discours et gestes de paix pendant la guerre de Cent Ans, Paris 2007; Althoff, Gerd: Spielregeln der Politik im Mittelalter. Kommunikation

in Frieden und Fehde, Darmstadt 1997; Dubois, Henri: La paix au Moyen Âge. In: Chaunu, Pierre (Hrsg.): Les fondements de la paix, des origines au début du XVIIIe siècle. Paris 1993, 95–108; Fried, Johannes (Hrsg.): Träger und Instrumentarien des Friedens im hohen und späten Mittelalter, Sigmaringen 1996; MacGuire, Brian Patrick (Hrsg.): War and Peace in the Middle Ages, Kopenhagen 1987; Duchhardt, Heinz; Veit, Patrice (Hrsg.): Krieg und Frieden vom Mittelalter zur Neuzeit. Theorie – Praxis – Bilder, Mainz 2000; Ohler, Norbert: Krieg und Frieden im Mittelalter. München 1997; Wolfhal, Diane: Peace and negotiation. Strategies of co-existence in the Middle Ages and the Renaissance. Turnhout 2000.

8   Zürich, Zentralbibliothek, Ms A 75. Die Chronikbilder sind nicht publiziert.

9   Ott, Norbert H.: Mündlichkeit, Schriftlichkeit, Illustration. Einiges Grundsätzliche zur Handschriftenillustration, insbesondere in der Volkssprache. In: Moser, Eva (Hrsg.): Buchmalerei im Bodenseeraum, 13.–16. Jahrhundert. Friedrichshafen 1997, 37–51, 48: «Auch in der Spätzeit der Handschriftenillustration leistet das Bildmedium mehr als die blosse Verschönerung und visuelle Begleitung des Texts. Sie ist Informationsinstanz ebenso wie auratische Überhöhung des Wahrheits- und Identifikationsanspruchs der illustrierten Literatur.»

10 Garnier, François: Le langage de l'image au moyen âge. Vol. 2: La grammaire des gestes. Paris 1984, 42: «Le langage iconographique codé commence à disparaître dès la fin du XIVe siècle. Mais la mutation a été lente et progressive, certains gestes et certaines positions symboliques s'insérant encore à la fin du XVe siècle dans des représentations réalistes.» Viele Beispiele passim hier und in Vol. 1: Signification et symbolique, Paris 1982.

11 Ott, Norbert H.: Überlieferung, Ikonographie – Anspruchsniveau, Gebrauchssituation. Methodisches zum Problem der Beziehungen zwischen Stoffen, Texten und Illustrationen in Handschriften des Spätmittelalters. In: Grenzmann, Ludger; Stackmann, Karl (Hrsg.): Literatur und Laienbildung im Spätmittelalter und in der Reformationszeit. Stuttgart 1984, 356–386; Ott, Norbert H.: Zum Ausstattungsanspruch illustrierter Städtechroniken. Sigismund Meisterlin und die Schweizer Chronistik als Beispiele. In: Füssel, Stephan; Knape, Joachim (Hrsg.): Poesis et pictura. Studien zum Verhältnis von Text und Bild in Handschriften und alten Drucken. FS Dieter Wuttke. Baden-Baden 1989, 77–106; Ott, Mündlichkeit [wie Anm. 9].

12 Gaehtgens, Thomas W.: Historienmalerei. Zur Geschichte einer klassischen Bildgattung und ihrer Theorie. In: Gaehtgens, Thomas W.; Fleckner, Uwe (Hrsg.): Historienmalerei. Berlin 1996, 15–76.

13 Explizit Bartlome, Bilder, 86: «Das Chronikbild soll nicht so sehr Realität abbilden, als vielmehr in seiner Aussage verständlich bleiben.»

14 Weitere Möglichkeiten in: Schmid, Regula: Turm, Tor und Reiterbild. Ansichten der Stadt in Bilderchroniken des Spätmittelalters. In: Roeck, Bernd (Hrsg.): Stadtbilder der Neuzeit. Ostfildern 2006, 65–83.

15 Z.B. Amtliche Chronik, Bd. 3, 893 (wie Anm. 4): Bern liegt an einem grossen See, auf dem ein Segelschiff fährt. Schmid, Stadtansichten (wie Anm. 5).

16 Zur Wiederholung des gleichen «Stadtschemas» Schmid, Turm (wie Anm. 14).

17 Schmid, Turm (wie Anm. 14).

18 Zürcher Schilling (wie Anm. 4), 135: Eine bernische Delegation erscheint 1474 vor Karl dem Kühnen und Peter Hagenbach. Vgl. unten Anm. 4.

19 Bartlome, Vinzenz: Die Bilder der Tschachtlan/Dittlinger-Chronik. In: Schmid, Alfred A. (Hrsg.): Tschachtlans Bilderchronik. Kommentar zur Faksimile-Ausgabe der Handschrift Ms. A 120 der Zentralbibliothek Zürich. Luzern 1985, 85–98; Schmid, Alfred A.: Die Illustrationen. Stil und Meisterfrage. In: Schmid, Alfred A. (Hrsg.): Die Schweizer Bilderchronik des Luzerners Diebold Schilling 1513. Sonderausgabe des Kommentarbandes zum Faksimile der Handschrift S. 23 fol. in der Zentralbibliothek Luzern. Luzern 1981, 679–706; Saurma-Jeltsch, Lieselotte E.: Die Illustrationen und ihr stilistisches Umfeld. In: Haberli, Hans; Steiger, Christoph von (Hrsg.):

Die Schweiz im Mittelalter in Diebold Schillings Spiezer Bilderchronik. Studienausgabe zur Faksimile-Edition der Handschrift Mss. hist. helv. I. 16 der Burgerbibliothek Bern. Luzern 1991, 31–71; Bächtiger, Franz: Realität und Fiktion in Schodolers Chronikbildern. In: Benz, Walther (Hrsg.): Die Eidgenössische Chronik des Wernher Schodoler, um 1510 bis 1535. Kommentar zur Faksimile-Ausgabe der dreibändigen Handschrift MS 62 in der Leopold-Sophien-Bibliothek Überlingen, MS 2 im Stadtarchiv Bremgarten, MS Bibl. Zurl. Fol. 18 in der Aargauischen Kantonsbibliothek Aarau. Luzern 1983, 381–396.

[20] Saurma-Jeltsch, Illustrationen (wie Anm. 19).

[21] Z.B. Spiezer Bilderchronik, 533 (wie Anm. 1): «[König Ruprecht] sant nach den Appentzellern und verhort deß kriegeß ursprung, anfang, daß mittel und daß ende, ouch clag, antwurt, rede und widerred aller parthien...».

[22] Zu den städtischen Boten jetzt: Hübner, Klara: Im Dienste ihrer Stadt. Boten und Nachrichtenorganisationen in den schweizerisch-oberdeutschen Städten des späten Mittelalters. Ostfildern 2012, 120–141 (im Druck).

[23] Spiezer Bilderchronik, 468 (wie Anm. 1). Die Szene ist nicht bebildert. Hervorhebungen RS.

[24] Spiezer Bilderchronik, 777 (wie Anm. 1). Die Szene ist nicht bebildert. Hervorhebungen RS.

[25] Amtliche Berner Chronik (wie Anm. 4), Bd. 3, 213, 196.

[26] Schweizer Bilderchronik (wie Anm. 4), fol. 111r, fol. 121r.

[27] Spiezer Bilderchronik (wie Anm. 1), 533.

[28] Tschachtlan (wie Anm. 4), 36, 37; Amtliche Berner Chronik (wie Anm. 4), Bd. 1, 29, 30.

[29] Spiezer Bilderchronik (wie Anm. 1), 762.

[30] Tschachtlan (wie Anm. 4), 220, dazu der Text 221, der diese Verspottung nicht erwähnt.

[31] Amtliche Berner Chronik (wie Anm. 4), Bd. 1, 444.

[32] Schweizer Bilderchronik (wie Anm. 4), fol. 80r.

[33] Amtliche Berner Chronik (wie Anm. 4), Bd. 3, 186, Grosse Burgunderchronik (wie Anm. 4), 135. Zum «Feindbild Hagenbach»: Sieber-Lehmann, Claudius: Spätmittelalterlicher Nationalismus. Die Burgunderkriege am Oberrhein und in der Eidgenossenschaft. Göttingen 1995.

[34] Amtliche Berner Chronik (wie Anm. 4), Bd. 3, 246–247: «Und brachten darnach all ort ir insigel gen Lutzern und versigelten die richtung, usgenomen die von Underwalden hatten etwas in rede von dero von Rapperßwil und eins irs lantmans wegen hies Caspar Koler, doch wart die selbs irrung darnach kurtzlich übertragen und die richtung daruf von inen ouch versigelt.» Zur «Ewigen Richtung» siehe Walter, Bastian: Die Verhandlungen zur Ewigen Richtung (1469–1474/75). Das Schiedsgericht zwischen der Eidgenossenschaft, Frankreich und dem Hause Habsburg. In: Kitzinger, Martin et al. (Hrsg.): Rechtsformen internationalerPolitik 800–1800. Theorie, Norm und Praxis (ZHF-Beiheft 45). Berlin 2011, 109–147.

[35] Schweizer Bilderchronik (wie Anm. 4), fol. 166v. Vgl. Amtliche Sammlung der ältern eidgenössischen Abschiede, Bd. 3, Teil 1: 1478–1499, bearb. v. Anton Philipp Segesser. Zürich 1858, Nr. 605, 8. Juni 1498 (Beschluss, die Sache an einem Tag in Zofingen vom 8. Juli zu regeln); Ebd. 3, 1, Nr. 607, 9. Juli (Aufzählung der geregelten Punkte).

[36] Schweizer Bilderchronik (wie Anm. 4), 67r.

[37] Schmid, Regula: Geschichte im Bild – Geschichte im Text. Bedeutungen und Funktionen des Freundschaftsbildes Uri–Luzern und seiner Kopien (ca. 1450 bis 1570). In: Lutz, Eckart Conrad; Thali, Johanna et al. (Hrsg.): Literatur und Wandmalerei I. Erscheinungsformen höfischer Kultur und ihre Träger im Mittelalter. Freiburger Colloquium 1998. Tübingen 2002, 529–561.

[38] Eickels, Klaus van: Kuss und Kinngriff, Umarmung und verschränkte Hände. Zeichen personaler Bindung und ihre Funktion in der symbolischen Kommunikation des Mittelalters. In: Martschukat, Jürgen; Patzold, Steffen (Hrsg.): Geschichtswissenschaft und «performative turn». Ritual, Inszenierung und Performanz vom Mittelalter bis zur Neuzeit. Köln 2003, 133–159; Schreiner, Klaus: «Er küsse mich mit dem Kuss seines Mundes» (Osculetur me osculo oris sui, Cant 1, 1). Metaphorik, kommunikative und herrschaftliche Funktionen einer symbolischen Handlung. In: Ragotzky, Hedda; Wenzel, Horst (Hrsg.): Höfische Repräsentation. Das Zeremoniell und die Zeichen. Tübingen 1990, 89–132.

[39] Spiezer Bilderchronik (wie Anm. 1), 533: «Do gestuonden die Appentzeller in allen iren sachen bi glimpf und eren; und wart gantz verricht schad gein schad und gul gegen gurren.»

Von der Schwierigkeit, Frieden zu machen
Aus der Sicht einer Praktikerin
Heidi Tagliavini

«Und nun dächt ich, wäre Zeit zum Frieden»
Johann Wolfgang Goethe

Friedensschlüsse sind ein Thema, das mich seit meinem ersten Einsatz 1995 in einer Friedensmission in Tschetschenien beschäftigt, wo ich nicht nur den Krieg hautnah miterlebte, sondern auch lernen musste, wie schwierig es ist, eine Übereinkunft für einen dauerhaften Frieden zu erreichen.

Die weitaus prägendsten Jahre meiner mittlerweile fast 30-jährigen diplomatischen Laufbahn habe ich in internationalen Einsätzen der UNO oder der OSZE in den Konflikten im Kaukasus oder im Balkan verbracht. Der Krieg war an diesen Orten entweder noch im Gang oder lag erst kurze Zeit zurück. An all diesen Orten habe ich aus nächster Nähe erlebt, wie ein Konflikt ausbricht und wie er dann, wenn es gut geht, so schlecht und recht über einen Waffenstillstand beendet wird, immer mit dem Risiko, dass so eine Übereinkunft unter dem manchmal fadenscheinigsten Vorwand auch wieder gebrochen werden kann. Als Vermittlerin und Leiterin von Friedensmissionen in verschiedenen Konflikten weiss ich nur zu gut, wie viel Geschick, wie viel guten Willen, Energie und Ausdauer es braucht, einen Krisenherd über alle erdenklichen Verhandlungs- und Kontrollmechanismen hinaus einigermassen zu stabilisieren. Aber vor allem habe ich immer wieder erlebt, wie schwer, ja fast unmöglich es ist, wirklich Frieden zu machen.

In den Vorträgen dieser Tagung haben wir erfahren, wie Kriege und politische Konflikte im späten Mittelalter die Entwicklung der Eidgenossenschaft prägten, vom losen Landfriedensbündnis zu einem Bündnisgeflecht mit eigener politischer Identität. Wir haben gehört, dass in den zentralen Konflikten und Friedensschlüssen jener Zeit Politiker, Diplomaten und militärische Führer eine entscheidende Rolle gespielt haben.

Das ist heute nicht viel anders. Friedensschlüsse geschehen nicht einfach so. Sie setzen immer eine minutiöse Regelung all jener strittigen Fragen voraus, die den Konflikt erst ausgelöst haben. Es bedarf einer Festlegung von Regeln, die von beiden oder allen Parteien akzeptiert werden und einzuhalten sind zwecks friedlichem Neben- und Miteinander. Es braucht unendlich viel Zeit, Geduld, Einfühlvermögen, Ausdauer, Klugheit, Verhandlungsgeschick, ein günstiges Umfeld und verhandlungsbereite Partner; ein Friedensschluss muss auch im richtigen Zeitpunkt kommen und, ganz wesentlich, er muss auch noch umgesetzt werden. Auch wenn alle Voraussetzungen gegeben sind, können Friedensschlüsse oder auch die vielen Phasen zwischen Krieg und Frieden, die zahllosen kleinen Vereinbarungen, die letztendlich zu einer friedlichen Beilegung des Konfliktes führen sollen, immer auch im letzten Moment noch platzen.

Zur Illustration der Komplexität von Friedensprozessen möchte ich Ihnen drei aktuellere und allgemein bekannte Konflikte und ihre Lösungsansätze kurz skizzieren:

Am 21. November 1995 wurde auf der amerikanischen Militärbasis Dayton nach nur drei Wochen dauernden Verhandlungen ein Abkommen paraphiert, das den dreieinhalbjährigen blutigen Bosnienkrieg beendete. Die Kunde von grausamen Kämpfen und das Massaker von Srebrenica hatten die internationale Gemeinschaft und vor allem die Vereinigten Staaten im Sommer 1995 zum Eingreifen gezwungen. Die Verhandlungen mit den Präsidenten Serbiens, Kroatiens und Bosnien-Herzegowinas wurden auf Initiative der Regierung Bill Clintons und mit tatkräftiger Unterstützung der EU unter der Leitung des amerikanischen Sonderbeauftragten für den Balkan, Richard Holbrooke, unter extremen Bedingungen geführt. Die drei Präsidenten Slobodan Milosevic, Franjo Tudjman und Alija Izetbegovic wurden praktisch unter Ausschluss jeglicher Kontakte zur Aussenwelt während drei Wochen buchstäblich zu ununterbrochenen Verhandlungen gezwungen. Das Dayton-Abkommen ist ein umfassendes Vertragspaket, das nicht nur den Erhalt des unabhängigen und souveränen Staates Bosnien und Herzegowina sicherte, sondern auch zahllose andere Aspekte der politischen, wirtschaftlichen und militärischen Zukunft dieses Landes regelte. Es sah eine detaillierte Absprache über die Rückkehr der rund eine viertel Million Flüchtlinge und zahlloser Vertriebener vor und es hat Bosnien und Herzegowina seit mittlerweile 16 Jahren ein Leben im Frieden, wenn auch mit zahlreichen Problemen, ermöglicht. Viel und gerne kritisiert, hat Dayton das in meinen Augen Wichtigste geschafft – es hat den Krieg beendet: Ein schlechter Friede ist in meinen Augen immer noch besser als ein «guter Krieg»! «Dass das gelungen war, kann nicht hoch genug eingeschätzt werden. Daran hatte Holbrooke mit seinem Verhandlungsgeschick und Durchsetzungsvermögen grossen Anteil», so das Urteil von Cyrill Stieger in der NZZ nach dem Tod des «Architekten» von Dayton im Dezember letzten Jahres.[1] Dass es überhaupt möglich war, diesen Krieg zu beenden und die Umsetzung des Abkommens, wenn auch mit Einschränkungen, gegen allen Widerstand durchzusetzen, war der Entschlossenheit der internationalen Gemeinschaft, allen voran der Amerikaner, zu verdanken. Dass allerdings diese Entschlossenheit manchmal nicht ausreicht, zeigt der Konflikt im Nahen Osten!

Ein zweites Beispiel: Im Juni 1997 unterzeichnete der russische Präsident Boris Jelzin in Moskau ein Friedensabkommen, mit dem der Erste Tschetschenienkrieg offiziell beendet wurde, ohne dass es für jenen Krieg je eine Kriegserklärung gegeben hätte. Unter der Führung eines ehemaligen tschetschenischen Luftwaffenobersten der sowjetischen Armee, Dschochar Dudajev, hatte Tschetschenien bereits Ende 1991, also noch vor dem Zusammenbruch der Sowjetunion, für die kleine autonome Republik am Nordfuss des Kaukasus die Unabhängigkeit gefordert. Moskau anerkannte diese Forderung keinesfalls und verhängte den Ausnahmezustand über die Republik. Es folgte ein jahrelanges erbittertes Seilziehen zwischen Moskau und Grosny, der Hauptstadt Tschetscheniens, in dem Moskau den Abtrünnigen nach und nach in allen lebenswichtigen Bereichen den Hahn zudrehte. Die Tschetschenen zahlten es mit Überfällen und Provokationen zurück, und Ende 1994 marschierten russische Truppen in Tschetschenien ein und bombardierten zu Silvester 1994 die Stadt Grosny. Der Erste Tschetschenienkrieg dauerte rund zwei Jahre und endete 1997 nicht zuletzt dank der Vermittlung der Organisation für Sicherheit und Zusammenarbeit in Europa (OSZE) mit der Abhaltung von Wahlen und einem formellen Friedensvertrag. Präsident Jelzin anerkannte in diesem Vertrag zwar die Unabhängigkeit Tschetscheniens nicht, akzeptierte darin aber die tschetschenischen Abtrünnigen *de facto* als Verhandlungspartner. Die Schwäche des ausgehandelten Friedensvertrages lag wohl aber darin, dass man sich nur auf den Abzug der russischen Truppen geeinigt hatte, jedoch nicht über den Status von Tschetschenien. Nur zwei Jahre nach dem Friedensschluss brach 1999 der Krieg wieder aus.

Den Tschetschenen hatte man 1997 zu verstehen gegeben, dass sie das Maximum erreicht hätten, welches sie erreichen konnten, dass sie nämlich *de facto* unabhängig waren; zwar nicht *de jure*, aber immerhin. Gemäss Friedensvertrag sollte die Frage des Status erst fünf Jahre später wieder auf den Verhandlungstisch kommen. Man wollte das Problem vom Tisch haben, vor allem sollte Tschetschenien nicht mehr die Hauptnachrichten im russischen Fernsehen dominieren. Und in der Tat, das Thema verschwand nach und nach von den russischen Bildschirmen – in den westlichen Medien war es ohnehin von den für uns hier im Westen viel naheliegenderen und daher wichtigeren Kriegen im früheren Jugoslawien verdrängt worden. Doch was sich in dieser kleinen Republik nach den Wahlen von 1997 abspielte, war beunruhigend: In dieser Zeit der faktischen Unabhängigkeit führten die Tschetschenen die Scharia ein, und einige Hinrichtungen wurden zum Entsetzen der Öffentlichkeit in den Hauptnachrichten in ganz Russland gezeigt. Bald darauf begann in Tschetschenien auch eine Reihe lukrativster Entführungen russischer, aber auch ausländischer Staatsbürger. Ins gleiche Kapitel gehören die Islamisierung und progressive Radikalisierung Tschetscheniens und die Häufung von Überfällen tschetschenischer Freischärler auf die Nachbarrepublik Dagestan, die letztendlich 1999 mit einer der Gründe für den Zweiten Tschetschenienkrieg war.

Ein drittes Beispiel: Am 24. Mai 2004 scheiterte der unter dem UNO-Generalsekretär ausgearbeitete sogenannte Kofi-Annan-Plan für eine umfassende Lösung des Zypernkonfliktes. Er war in jahrelanger Arbeit bis in die feinsten Details als Regelung des seit Jahrzehnten dauernden Konfliktes von einer Heerschar von Juristen und Diplomaten ausgearbeitet worden. Vorgesehen war eine Föderation, die sich aus zwei Teilstaaten zusammensetzte. Der nördliche, türkische Teil sollte rund 30%, der südliche, griechische Teil rund 70% umfassen. Die Teilstaaten sollten sehr weitgehende Rechte erhalten und von einer relativ losen Zentralregierung mit hauptsächlich aussenpolitischen Befugnissen zusammengefasst werden. Beide Teilstaaten sollten ihre eigenen politischen Institutionen erhalten und gesamtstaatlich durch ein ausgeklügeltes System politischer Institutionen vertreten werden. Zypern sollte ausserdem entmilitarisiert werden, wobei Griechenland, die Türkei und die frühere Kolonialmacht Grossbritannien als Garantiemächte vorgesehen waren. Die Schwächen des Plans waren unter anderem die fortführende Stationierung von türkischen Truppen auf der Insel, die Beibehaltung des Status der Garantiemächte und eine Reihe weiterer strittiger Punkte. Gescheitert ist der Kofi-Annan-Plan letztendlich aber an der massiven Ablehnung durch die griechischen Zyprioten, die bereits vor dem Referendum zum Friedensplan die Zusicherung ihrer EU-Mitgliedschaft erhalten hatten. Sie sahen ihre Interessen in einem grösseren Ganzen, der mächtigen EU, vertreten und konnten sich die Mühe sparen, sich mit der Umsetzung des Kofi-Annan-Plans herumzuschlagen… eine verpasste Chance! Das Fazit: Zypern ist zwar weiterhin geteilt. Süd-Zypern ist in der EU, Nord-Zypern ist klar benachteiligt und wird weiterhin nur von der Türkei anerkannt, eine Lösung des Konflikts ist nicht in Sicht, und die Türkei hat mit seiner Politik in Zypern ein Problem für eine zukünftige EU-Mitgliedschaft. Paradoxerweise scheint man sich mit dieser Situation aber abgefunden zu haben. Zypern (Nord und Süd) gilt als beliebte Tourismusdestination, trotz Waffenstillstandslinie und einer rund 1000 Mann starken UNO-Friedenstruppe!

Diese drei Beispiele zeigen anschaulich, wie schwierig es ist, zu einer umfassenden und nachhaltig friedlichen Lösung zu kommen, wenn ein Konflikt erst einmal ausgebrochen ist, und wie viele Faktoren bei einem Lösungsversuch zu berücksichtigen sind. In meinen verschiedenen Friedensmissionen habe ich immer wieder erlebt, wie eine oberflächlich stabile Situation durch innere Ereignisse, aber auch durch grössere internationale Verschiebungen zu einem fragilen Zustand werden kann, wie Konflikte ausbrechen, und wie dann versucht wird, sie über Waffenstillstand, Verhandlungen und Sicherheitsmechanismen einigermassen unter Kontrolle zu halten. Vor allem aber habe ich erlebt, wie schwer, ja schier unmöglich es ist, einen einmal ausgebrochenen Konflikt zu beruhigen und zu einer friedlichen Lösung zu führen. Warum ist das so? Dafür gibt es verschiedene Gründe:

- Kriege und Konflikte sind immer in ihrem geschichtlichen, politischen, geografischen, kulturellen und religiösen Kontext zu sehen;
- Kriege sind nicht selten Nachwehen chaotischer und willkürlicher politischer Regelungen aus längst vergangenen Zeiten;
- Kriege sind oft Stellvertreterkriege;
- Kriege dienen nicht selten zur Begleichung alter Rechnungen, z.B. historischer «Ungerechtigkeiten» oder politischer Fehlentscheide aus früheren Zeiten;
- Sehr oft werden Kriege auch einfach zur Durchsetzung von Territorialansprüchen geführt.

Was Kriegsparteien gewöhnlich vernachlässigen, ist die Tatsache, dass Kriege keine «alten Rechnungen» und keine historischen Ungerechtigkeiten begleichen können; sie wecken bloss Rachegefühle. Kriege befördern maximalistische Forderungen, sie fördern Legendenbildung und die Kultivierung von Nationalismus zwecks Legitimierung der eigenen Ziele. Nationalismus wiederum fördert Fanatismus und Fanatismus führt nie zu einer Lösung; Lösungen erfordern Kompromisse und Konzessionen. Und je länger ein Konflikt ungelöst bleibt, desto verhärteter werden die Positionen.

Im Folgenden werde ich diese Aussagen anhand von zwei konkreten Beispielen aus meinen eigenen Einsätzen erläutern. Zum Abschluss versuche ich, die objektiven und subjektiven Hindernisse zu beschreiben, die es Vermittlern in den heutigen Konflikten so schwer machen, Friedensverhandlungen zu einem Erfolg zu bringen.

Dazu zwei Beispiele aus dem Georgienkonflikt mit Abchasien:

Die im letzten Moment geplatzten Verhandlungen um eine Vereinbarung über Gewaltverzicht und die Rückkehr der Flüchtlinge

Als ich im Sommer 2002 die UNO-Militärbeobachtermission in Georgien übernahm, war der Friedensprozess zwischen Georgien und seiner abspaltungswilligen Teilrepublik Abchasien zu einem völligen Stillstand gekommen. Grund dafür war ein von meinem Vorgänger ausgearbeiteter Verhandlungsvorschlag für eine umfassende politische Lösung, der von abchasischer Seite rundweg abgelehnt wurde, da er den Unabhängigkeitsbestrebungen Abchasiens nicht Rechnung trug. Ausserdem war die Sicherheitslage im Konfliktgebiet äusserst angespannt. Bewaffnete Gruppen und schwere Gefechte machten die Lage so unsicher, dass wir, acht Jahre nach Ende des Krieges, kurz vor einem Wiederausbruch des Konfliktes standen. Meine ersten Handlungen richteten sich daher vor allem darauf, die Lage im Konfliktgebiet zu stabilisieren, was mir damals mit einigen neuen Ideen auch gelang, nicht zuletzt aber wohl auch, weil keine der Parteien ernsthaft am Wiederausbruch des Konfliktes interessiert war. Aber wie sollte ich die beiden Parteien, vor allem die Abchasen, wieder an den Verhandlungstisch bringen?

Ich versuchte es in zahlreichen Gesprächen mit beiden Seiten auf verschiedenste Weise. Für mich bedeutete das, immer zwischen den Hauptstädten der Konfliktparteien zu pendeln und mit neuen Verhandlungsvorschlägen zu erscheinen; aber nichts wollte gelingen. Erst als ich mit einem Einladungsschreiben des UNO-Generalsekretärs auftreten konnte, liessen sich die Abchasen auf ein Treffen in nichts geringerem als der internationalen Stadt Genf ein. Man muss sich das einmal vorstellen: Kofi Annan unterschreibt eine Einladung an den Führer einer nicht anerkannten Republik und bittet ihn persönlich zu einem Treffen! Darüber waren mehr als sechs Monate vergangen. Das Genfer Treffen wurde damals ein Erfolg: Wir konnten uns auf drei Bereiche der Zusammenarbeit einigen: im politischen und Sicherheitsbereich, bei der Frage der Flüchtlinge und intern Vertriebenen und bei der wirtschaftlichen Rehabilitation und den vertrauensbildenden Massnahmen.

Der politische Bereich war der schwierigste: Für die Georgier war klar, dass Abchasien zu Georgien gehörte; für die Abchasen war das allerdings keine Option; sie hatten sich für Unabhängigkeit entschieden. Worüber sollte man im politischen Bereich also sprechen? Wir wussten, dass die Abchasen ein Anliegen hatten, das sie immer wieder vorbrachten: Sie wollten Sicherheitsgaran-

Georgisch-abchasische Verhandlungen im Gebäude der UNO-Mission in Gali, mitten im georgisch-abchasischen Konfliktgebiet. – *Fotoarchiv der UNO-Beobachtermission UNOMIG, 2002–2006.*

Nach dem Krieg bleibt Zerstörung und kaum Hoffnung auf eine Zukunft. Ehemaliges komfortables Landhaus im Gali-Distrikt in Abchasien, Georgien. – *Fotoarchiv der UNO-Beobachtermission UNOMIG, 2002–2006.*

tien: nie wieder einen Angriff von georgischer Seite! Das ist verständlich, denkt man daran, dass der Krieg in den 1990er-Jahren mit dem unerwarteten Einmarsch georgischer Truppen in Abchasien ausgebrochen war. Sie waren also bereit, über Sicherheitsgarantien zu sprechen. Für mich war aber auch klar, dass die Abchasen allein die Agenda nicht diktieren konnten; es musste auch für die Georgier etwas drin liegen. Ich schlug diesen daher vor, dass wir im Gegenzug von den Abchasen mindestens eine im Ansatz geregelte Rückkehr der georgischen Flüchtlinge und intern Vertriebenen nach Abchasien ansprechen würden. Damit waren die Georgier einverstanden. Auf abchasischer Seite war man bereit, in dieser Sache einen Vertrag mit den Georgiern auszuhandeln. Damit waren aber die Georgier nicht einverstanden, weil ein Vertrag eine völkerrechtliche Angelegenheit ist und nur von zwei völkerrechtlich gleichgestellten Partnern unterzeichnet werden sollte. Abchasien war aber *de jure* ein Teil von Georgien. Ich schlug also vor, dass wir anstelle eines Vertrages eine Absichtserklärung, mit dem Inhalt «Gewaltverzicht» gegen «Rückkehr», erarbeiten würden. Nach einigen Wochen zäher Verhandlungen war die Frage der Form geklärt; beide Parteien konnten sich auf eine Absichtserklärung einigen. Nun ging es um die Inhalte; und da wurde die Diskussion aufwendig. Die eine Seite wollte den Gewaltverzicht nicht hundertprozentig garantieren, und die andere Seite dachte nicht im Geringsten daran, alle Flüchtlinge zurückkehren zu lassen. Wir verhandelten fast zwei Jahre, stritten um jedes Wort. Für mich bedeutete das zahllose beschwerliche Reisen zwischen Tbilisi und Suchumi, den beiden Hauptstädten, die immerhin neun Stunden Autofahrt auf schlechtesten Strassen voneinander entfernt waren. Zwischendurch musste ich dem UNO-Sicherheitsrat in New York regelmässig Rechenschaft über die Fortschritte im Friedensprozess ablegen und Rede und Antwort stehen. Endlich waren wir soweit, die beiden Erklärungstexte über Gewaltverzicht und Rückkehr waren unterschriftsreif. An einem feierlichen Treffen, zu dem ich auch die sogenannte Freundesgruppe, die Mitglieder des UNO-Sicherheitsrats und Deutschland eingeladen hatte, stellte ich die Absichtserklärung mit den beiden Delegationsleitern fertig. Zur Sicherheit liess ich die beiden Delegationsleiter eine kurze Erklärung für das UNO-Hauptquartier in New York unterschreiben, in der stand, dass die Absichtserklärung ausgehandelt sei und nun an die beiden obersten «Chefs» in Georgien und Abchasien zur Unterzeichnung weitergeleitet würde (ich sagte bewusst «Chefs» und nicht Präsidenten, denn wirklicher Präsident war nur der georgische, der abchasische Führer war ja international nicht anerkannt, sondern nur *de facto*, und darauf mussten wir achten). Auch ich unter-

Vertriebene in einem ungelösten Konflikt. – *Fotoarchiv der UNO-Beobachtermission UNOMIG, 2002–2006.*

Vertriebene und Rückkehrer ohne Sicherheit suchen Hilfe bei der UNO.
– *Fotoarchiv der UNO-Beobachtermission UNOMIG, 2002–2006.*

zeichnete das Papier für die UNO in New York, wir schickten das Telegramm ab und gingen, wie das im Kaukasus so üblich ist, ausgiebig feiern.

Darauf reiste der eine Delegationsleiter zurück in seine Hauptstadt. Und wie gross war nicht unser Erstaunen, als er bei der Ankunft schon auf dem Flughafen vor laufenden Kameras erklärte, er habe heute ein historisches Abkommen über Gewaltverzicht und Flüchtlingsrückkehr praktisch unterzeichnungsfertig gemacht, nun werde der Präsident es unterzeichnen. Damit war die Sache geplatzt. Der Präsident war von mir noch nicht über den letzten Stand informiert worden, das wäre nach meiner Rückkehr am nächsten Tag in aller Form geschehen, aber so war dieser Mann derart erbost, weil er von seinem Unterhändler übergangen worden war, dass er die ganze Sache auffliegen liess. Wir konnten nie mehr über Gewaltverzicht und Flüchtlingsrückkehr sprechen. Fast zwei Jahre Arbeit für nichts!

Für mich bedeutet es natürlich Ironie des Schicksals, dass heute, drei Jahre nach dem Augustkrieg von 2008 – ohne dass eine UNO-Mission im Lande ist –, in den Nachfolgegesprächen zu den Konflikten in Georgien, den sogenannten Geneva-Talks, wieder über Gewaltverzicht als Vorbedingung für irgendwelche Fortschritte diskutiert wird.

Die Verhandlungen um den Bus über die Inguri-Brücke

Und hier ein weiteres Beispiel von viel geringerer politischer Tragweite, das aber zeigen soll, wie zäh nach einem Konflikt bisweilen das Ringen um die geringsten Konzessionen sein kann. Seit dem Krieg in den frühen 1990er-Jahren war der Fluss Inguri die Waffenstillstandslinie zwischen Georgiern und Abchasen. Die rund zwei Kilometer lange Brücke über den Fluss wurde auf beiden Seiten von russischen Friedenstruppen bewacht. Nur die sogenannten Internationalen, die UNO-Mission und die russischen Friedenstruppen, durften die Brücke in Fahrzeugen überqueren. Die georgische Bevölkerung, die auf der abchasischen Seite der Waffenstillstandslinie lebte, musste zu Fuss hinüber, Sommer und Winter, bei glühendem Sonnenschein, bei Regen und Schnee. Da die Menschen dieser Gegend von der Landwirtschaft (vor allem von Haselnüssen und Zitrusfrüchten) lebten, mussten die Bauern diese Ware per Hand oder im besten Fall auf einem Schiebekarren über die Brücke transportieren. Dieser Zustand war unhaltbar. Jedes Mal, wenn ich über die Inguri-Brücke fuhr, schämte ich mich beim Anblick über diese sinnlose Erniedrigung der zum Teil uralten Frauen und Männer in Schwarz, die sich mühsam über die Brücke schleppten.

In Konflikten leiden vor allem Kinder und ältere Menschen. Folgen
des Konfliktes um Abchasien. – *Fotoarchiv der UNO-Beobachtermission
UNOMIG, 2002–2006.*

Die Inguri-Brücke von der abchasischen Seite gesehen. – *Fotoarchiv
der UNO-Beobachtermission UNOMIG, 2002–2006.*

Um diesem unhaltbaren Zustand abzuhelfen, wollte ich eine Gratis-Busverbindung organisieren und unterbreitete meinem UNO-Hauptquartier in New York einen entsprechenden Vorschlag. Die Antwort war: «Das gehört nicht in Ihr Mandat, ausserdem kostet es Geld, also können wir nichts tun.» Die anderen Organisationen wie zum Beispiel UNDP[2] oder UNHCR,[3] die so eine Aktion hätten durchführen können, waren aus Sicherheitsgründen in dieser Region nicht tätig.

Ich liess nicht nach und wandte mich an verschiedene Botschaften, von denen nur die deutsche einverstanden war, einen Bus zu finanzieren. Die Bedingung: nur mit Bürgschaft der UNO und mindestens drei Jahre im Einsatz! Das wollte die UNO nicht akzeptieren, da unser Mandat vom Sicherheitsrat jeweils nur um sechs Monate verlängert wurde. Nach wochenlangen Verhandlungen kam es zu einem Kompromiss. Nun problematisierten beide Konfliktparteien die Modalitäten:

Wer durfte im Bus fahren und wie weit? Auch mit Ware? Wo sollte der Bus wenden? Wo über Nacht parken? Und wer würde ihn im Notfall reparieren? Vor allem aber: Wer garantierte die Sicherheit der Passagiere und des Fahrers?

Nach der Einigung forderte die UNO die schriftliche Zusicherung der Parteien für die ungehinderte Durchführung der Abmachungen. Abchasien sperrte sich lange, unterschrieb aber zu guter Letzt, ebenso der georgische Vertreter. Aber… er ging unverzüglich mit zwei fatalen Aussagen an die Presse: 1. Er habe alles allein direkt mit den Abchasen ausgehandelt (die wollten jedoch gar keine direkten Verhandlungen mit den Georgiern, sondern nur über die UNO-Mission); und 2. anstelle der 2 km langen Strecke sprach er eigenmächtig von einer 15 km langen Strecke von Zugdidi nach Gali (Abchasien), einer Verbindung, von der die Abchasen nichts wissen wollten, da es immer nur um die Brücke gegangen war. Für die Abchasen war das wieder einmal ein Beweis dafür, dass man den Georgiern nicht trauen konnte! Also musste ich unverzüglich zu den Abchasen fahren und ihnen den wahren Sachverhalt erklären und versuchen, sie bei der Stange zu halten.

Warum hatte mein georgischer Gesprächspartner das gemacht? Schwierig zu sagen, nicht zuletzt aber wohl, um seinen eigenen Leuten zu zeigen, wie sehr er sich um sie kümmerte. Vielleicht spekulierte er auch auf die Zusage Abchasiens, um so einen heimlichen Wunsch der Georgier nach einer offiziellen Verbindung über die gesperrte Brücke und die Waffenstillstandslinie klammheimlich durchzusetzen.

So weit, so gut, die Busse waren gekauft – mit deutschem Geld –, die Fahrer gefunden, die genaue Haltestelle mit den russischen Friedenstruppen ausge-

Zwei Kilometer zu Fuss! Für Jung und Alt eine tägliche Mühsal:
Die Inguri-Brücke mit dem schneebedeckten Kaukasus im Hintergrund.
– *Fotoarchiv der UNO-Beobachtermission UNOMIG, 2002–2006.*

Der Weg über die Inguri-Brücke. – *Fotoarchiv der UNO-Beobachtermission UNOMIG, 2002–2006.*

macht, der Fahrplan sah Fahrten von 8 Uhr früh bis 5 Uhr abends vor. Jetzt kam die Diskussion um das Schild an der Haltestelle.

In welcher Sprache? In welcher gar nicht? In welcher Reihenfolge? Wir einigten uns in endlosen Diskussionen auf vier Sprachen (Georgisch, Abchasisch, Russisch und Englisch), je nach Zugangsseite in unterschiedlicher Reihenfolge.

Wir brauchten wohl ein Jahr bis zur Bus-Einweihung.

Und dieser Bus war denn auch eines der wenigen Projekte, das während des Rests meiner Mission erfolgreich lief und an das sich vor allem die Bevölkerung in der Konfliktzone noch bestens erinnert, denn sie profitierte konkret davon. Viel zu oft bedenken Politiker überhaupt nicht, welche Bürde ein nicht gelöster Konflikt für die Zivilbevölkerung bedeutet, die durch Krieg und Trennlinien von einem Tag auf den anderen nicht nur Hab und Gut, Haus und Hof, sondern auch die Existenzgrundlage verliert.

Diese zwei Beispiele stehen stellvertretend für viele andere, die immer ein ähnliches Muster aufzeigen: grosses Misstrauen der Konfliktparteien und die Furcht, von der anderen Partei übervorteilt zu werden. Gebranntes Kind scheut das Feuer!

Und die Moral von der Geschicht'?
(en guise de conclusion)

Im Folgenden werde ich versuchen, anhand von zehn Einsichten die Schwierigkeiten und Hindernisse, denen Vermittler bei ihren Bemühungen um Frieden begegnen, systematisch zu beschreiben.

It takes two to tango
Um Frieden schliessen zu können, müssen alle im Konflikt involvierten Parteien den Frieden auch wirklich wollen. Die Konflikte im Kaukasus und insbesondere in Georgien zeigen deutlich, dass wir es in vielen Krisengebieten nicht nur mit einer Konfliktebene, sondern mit mindestens drei miteinander verbundenen Konfliktebenen zu tun haben. Gerade in Georgien gibt es neben der lokalen Konfrontation zwischen der abchasischen und der georgischen Seite einen Konflikt auf regionaler Ebene, zwischen Georgien und seinem nördlichen Nachbarn Russland. Die beiden Konflikte um Südossetien und Abchasien haben aber auch noch eine internationale Dimension, in der sich Moskau und die westlichen Staaten mit einer unterschiedlichen Agenda gegenüberstehen. Der Westen unterstützt die auch von der UNO anerkannte territoriale Integrität

Georgiens (die faktisch nicht mehr existiert), während Moskau die Unabhängigkeit der zwei abtrünnigen Entitäten, Abchasien und Südossetien, anerkannt hat, die aber international nicht durchsetzbar ist. Auf allen drei Ebenen gibt es Interessen und Vorbehalte gegenüber der Gegenpartei und ebenso widersprüchliche Vorstellungen darüber, wie ein Friedensschluss aussehen sollte. Für einen erfolgreichen Abschluss von Friedensverhandlungen wäre jedoch ein übereinstimmender Lösungsansatz notwendig. Dieser war in Georgien von Anfang an, das heisst seit dem Ausbruch der Konflikte in den 1990er-Jahren, schwirig, der Widerspruch wurde jedoch mit zunehmendem zeitlichem Abstand zum Krieg immer ausgeprägter: Georgien hielt sich konsequent an seine territoriale Integrität, während Abchasien und Südossetien auf Sezession und Unabhängigkeit spekulierten.

Prävention
Prävention – das magische Wort! In vielen internationalen und regionalen Sicherheitsorganisationen fliessen beträchtliche Mittel in diese Bemühungen. In den vielen Jahren, die ich mittlerweile in Konflikten zugebracht habe, bin ich aber zur Überzeugung gelangt, dass sich ein Krieg oder der Rückfall in kriegerische Handlungen nur vermeiden lassen, solange alle am Konflikt beteiligten Parteien auf lokaler und auch regionaler Ebene keinen Krieg wollen, aber auch und vor allem auf internationaler Ebene darüber ein Einverständnis herrscht.

Ein Krieg bricht gewöhnlich nicht von heute auf morgen aus; er wird von langer, sehr langer Hand vorbereitet. In den Konflikten im Kaukasus und auf dem Balkan gab es seit Jahren mannigfache Signale für eine bevorstehende Auseinandersetzung. Im Untersuchungsbericht über den Augustkonflikt in Georgien nannte unser Experte und Politikwissenschaftler Uwe Halbach diese Zeit zunehmender Spannungen, bewaffneter Zwischenfälle, Drohgebärden und aggressiver Rhetorik einen eigentlichen «Count Down zum Krieg».[4] Dieser Krieg war wohl ab einem bestimmten Zeitpunkt eine beschlossene Sache. Russland hatte seine westlichen Partner immer wieder gewarnt, dass es im Falle Georgiens eine rote Linie gebe, die nicht überschritten werden dürfe. Dazu gehörte eine mögliche NATO-Mitgliedschaft Georgiens oder ein Übergriff Georgiens auf seine sezessionswilligen Gebiete Südossetien oder Abchasien. Die Charta der Vereinten Nationen und die Helsinki-Schlussakte verbieten aber ausdrücklich Gewaltanwendung gegen ein anderes Land. Die internationale Gemeinschaft, insbesondere aber der UNO-Sicherheitsrat und die NATO hätten also die Signale erkennen können und Moskau ernster auf die Konsequenzen einer kriegerischen Auseinandersetzung aufmerksam machen sollen, im Sinne einer echten Prävention eben!

Vertrauensverlust
Für einen Friedensschluss gibt es eine unabdingbare Voraussetzung: Vertrauen! Vertrauen in die gegnerische Partei und vor allem in den Verhandlungspartner, ganz zu schweigen vom Vertrauen in den Vermittler. Nach jedem Krieg ist das Vertrauen in die guten Absichten der Gegenseite nachhaltig erschüttert. Alle Vermittlungsbemühungen von internationalen Unterhändlern gehen denn auch in erster Linie dahin, wieder ein Minimum an Vertrauen aufzubauen. Das ist allerdings umso schwieriger, je öfter in der Konfliktregion Provokationen, Scharmützel, Übergriffe, bewaffnete Zwischenfälle etc. vorkommen. Kommt dazu aber noch eine Rhetorik, in der über Jahre Feindseligkeit und Gewaltandrohung mitschwingen, in der zur Beschreibung der Gegenseite eine diffamierende Sprache überwiegt und despektierliche Ausdrücke verwendet werden, dann muss man sich nicht wundern, dass das Vertrauen nicht wachsen kann. In meinen Friedensbemühungen versuchte ich deshalb auch immer, Vertrauen zu schaffen, Begegnungen zu organisieren und vor allem auf die Rhetorik mässigend zu wirken; eine Sisyphusarbeit!

Fragwürdiger Umgang mit der Faktenlage
Es gibt Fakten, an denen sich nichts oder nichts mehr ändern lässt. Dazu gehören politische Entscheide aus der Vergangenheit, auch wenn sie reine Willkür und die grösste Ungerechtigkeit sind, wie zum Beispiel die Grenzziehungen der stalinistischen Zeit in der früheren Sowjetunion; dazu gehört auch die geografische Nachbarschaft eines Landes. Man wechselt seine Nachbarn nicht; man muss sich mit ihnen arrangieren, sie gehen nicht einfach weg: Die Bosnier klagen über die Serben und die Kroaten, aber die sind nun einmal dort, wo sie sind; Georgien klagt über die Nachbarschaft von Russland und Abchasien über die Nachbarschaft von Georgien usw. Gleichzeitig verlassen sich diese Parteien gewöhnlich fast blind auf äussere Akteure, auf Russland oder Amerika, von denen sie gewöhnlich die Rettung oder das Heil erwarten. Zu den Fakten, die sich nicht ändern lassen, gehört eben auch das internationale Umfeld, in dem sich ein Konflikt abspielt. Eine Konfliktlandschaft ist geprägt von einer sehr vielschichtigen Konstellation von Akteuren und belastenden Faktoren. Damit muss man sich abfinden und versuchen, sie in ein vernünftiges Mass zur Gegenwart zu bringen – zum Wohl und zur Überlebensfähigkeit

der eigenen Nation. Gerade damit haben gewöhnlich aber Konfliktparteien die grösste Mühe.

Die Fehler der Vergangenheit: In allen mir bekannten Konflikten sind die Auslöser von Konflikten immer wieder auf politische Fehlentscheide aus früheren Zeiten, auf alte Verbrechen und Ungerechtigkeiten zurückzuführen, die an einem Volk begangen und nie bereinigt wurden. Vergangenheitsbewältigung wird vielerorts nicht nur nicht praktiziert, sie wird gar als Verrat an der eigenen Geschichte und dem eigenen Volk verworfen. Das ist in einem gewissen Sinn zwar verständlich, führt aber direkt wieder in einen neuen Konflikt. In der Vergangenheit geschehene Ungerechtigkeiten müssen aufgearbeitet und in ein vernünftiges Mass zur Gegenwart gebracht werden, sonst bleibt ein Krisengebiet konfliktanfällig. Ein typisches Beispiel für einen solchen «historischen Fehlentscheid» ist zweifellos in dem vorwiegend armenisch (christlich) besiedelten Nagorno-Karabach ersichtlich, das in den frühen 1920er-Jahren unter Stalin in einer *divide et impera*-Aktion nicht zu Armenien, sondern zum nichtchristlichen (moslemischen) Aserbaidschan geschlagen wurde.[5] Ein anderes Beispiel für die Nachhaltigkeit von historischen Ungerechtigkeiten ist die Leidensgeschichte Tschetscheniens. Nach jahrzehntelangen russischen Eroberungskriegen im 18. und 19. Jahrhundert ist hier vor allem die von Jossif Stalin veranlasste Deportation des gesamten tschetschenischen Volkes im Zweiten Weltkrieg zu erwähnen; eine Wunde, die nie verheilt ist und die in einem gewissen Sinn auch die Unversöhnlichkeit der Tschetschenen mit der in Moskau gemachten Politik erklären mag.

Die Fallen
Ganz entscheidend werden die Wahrnehmung und die Verhaltensweise von Konfliktparteien auch von psychologischen Mechanismen geprägt. Uwe Halbach, der bereits erwähnte Kenner des sowjetischen und postsowjetischen Raums, nennt diese psychologischen Mechanismen Fallen: die Geschichtsfalle, die Opferfalle, die Isolationsfalle und die Gewöhnungsfalle.[6] Je nach Konflikt haben diese Fallen zahlreiche Facetten, die Verhaltensmuster aber bleiben immer gleich. Will man als Vermittler erfolgreich an einer einvernehmlichen Lösung arbeiten, muss man immer bemüht sein, die von solchen Mechanismen geprägte Einstellung positiv zu beeinflussen.

- Die Opferfalle zum Beispiel, ist eine typische Begleiterscheinung von Konflikten mit gegenseitiger Gewalterfahrung. Hass auf den Gegner und Angst vor

ihm führen vielfach zur Dämonisierung des Gegners. Wenn Menschen der eigenen Gruppe für ein bestimmtes Ziel, zum Beispiel die Unabhängigkeit, getötet wurden und man dieses Ziel nicht aufgeben kann, ohne sich einzugestehen, dass die Opfer umsonst waren, wird man sich von diesem Konflikt nicht mehr lösen können.
- Bei der Geschichtsfalle geht es um die fatale Kultivierung von Legenden und Horrorgeschichten des Krieges. Die Kultivierung solcher Legenden macht die Kompromissbereitschaft und Konzessionen, die für die Suche nach einer Lösung des Konfliktes notwendig wären, fast unmöglich.
- Von Konflikten betroffene Gesellschaften geraten durch die physische Trennung von der anderen Konfliktpartei nach einem Krieg gerne auch in die Isolationsfalle. Man sieht sich nicht mehr, obwohl man doch vorher Nachbar war, und Informationen über die Gegenseite werden entweder abgeblockt oder dem jeweiligen Feindbild entsprechend verzerrt dargestellt.
- Und in die Gewöhnungsfalle geraten Konfliktparteien mit der aus ihrer Sicht unantastbaren Überzeugung, historisch gesehen im Recht zu sein. Diese Sichtweise äussert sich meistens in der Form territorialer Besitzansprüche. Beide Parteien betrachten dann das oder die umstrittenen Territorien als ihre «Wiege der nationalen Kultur», sozusagen ihr historisches «Amselfeld».

Wie wichtig es wäre, an der Überwindung all dieser zahlreichen Fallen zu arbeiten, zeigt die Untersuchung, die ich im Auftrag der Europäischen Union im Zusammenhang mit dem Konflikt in Georgien im August 2008 gemacht habe.[7] Kurz nach Ausbruch dieses Konfliktes machte die Information über einen Genozid, den die Georgier angeblich an den Südosseten verübt haben sollen, international Schlagzeilen. In der abtrünnigen Region Südossetien ist man davon überzeugt, dass die Osseten seit den 1920er-Jahren dreimal Opfer eines Genozids durch ihre georgischen Landesgenossen geworden sind: 1921, bei den Wirren im Bürgerkrieg nach der Oktoberrevolution; dann 1991, nach der Auflösung der Sowjetunion, und zum dritten Mal 2008 im jüngsten Augustkonflikt nach dem Angriff der georgischen Streitkräfte. Das lokale Parlament Südossetiens verabschiedete eine entsprechende Resolution, die den dreifachen Genozid durch die Georgier festschreibt. In unserer Untersuchung zum Augustkonflikt kamen wir aber zum Schluss, dass es in Südossetien weder früher noch im Augustkonflikt von 2008 einen Genozid gab, da die für den Genozid-Tatbestand notwendige Absicht, ein Volk ganz oder zum grossen Teil auszurotten, nicht gegeben war. Die zu beklagenden Toten sind zwar die tragische Konsequenz von bürgerkriegsähnlichen Zuständen, aber nicht von Genozid. Das Festhalten an dieser schrecklichen Anklage gegen die andere Konfliktpartei, in unserem Fall Georgien, macht es jedoch nahezu unmöglich, die für die Lösung des Konfliktes unumgänglichen Konzessionen und Kompromisse zu machen. Fatal ist bei all diesen Fallen auch, dass sie rückwärts, in die Vergangenheit, gerichtet sind und einen Ausblick auf eine bessere Zukunft nicht zulassen.

Die sieben Regeln des Nationalismus
Kommt nach einem Krieg ein Waffenstillstandsabkommen zustande, lebt man dennoch immer im Zustand eines fragilen *status quo*. Der *status quo*, also dieser an sich unbefriedigende Zustand von «weder Krieg noch Frieden», ist ein fruchtbarer Boden für Nationalismus. Wenn ich an meine unermüdlichen Bemühungen zur Erhaltung des *status quo* denke, dann komme ich nicht um die «sieben Regeln des Nationalismus» herum. David C. Pugh, ein Vertreter des Norwegian Refugee Council, hat das Verhalten von Konfliktparteien und den unproduktiven Ansatz des von nationalistischem Egoismus geprägten Verhaltens in meinen Augen geradezu exemplarisch zusammengefasst.[8] In dieser Weltanschauung dreht sich alles immer nur «um Uns», nie um die anderen. Und es geht meistens um Territorialansprüche und um Argumente, die ein Territorium ausschliesslich nur «Uns» zusprechen und nicht den anderen. In dieser Optik wird so argumentiert:

- Regel 1: Wenn ein Gebiet 500 Jahre lang uns gehörte und 50 Jahre euch, dann sollte es Unser sein; Ihr seid nur Besetzer!
- Regel 2: Wenn ein Gebiet 500 Jahre euch gehörte und 50 Jahre uns, dann sollte es Unser sein; Grenzen müssen respektiert werden!
- Regel 3: Wenn ein Gebiet uns vor 500 Jahren gehörte, aber nie mehr seither, dann sollte es Uns gehören, denn es ist die Wiege unserer Nation!
- Regel 4: Wenn die Mehrheit unseres Volkes in einem Gebiet wohnt, dann ist das Gebiet Unser, denn wir haben das Recht auf Selbstbestimmung!
- Regel 5: Wenn eine Minderheit unseres Volkes in dem Gebiet wohnt, dann ist das Gebiet Unser, unsere Leute müssen gegen eure Unterdrückung geschützt werden!
- Regel 6: Alle vorhergehenden Regeln gelten für Uns, nicht aber für euch!
- Regel 7: Unser Traum von Grösse ist historische Notwendigkeit, euer Traum ist Faschismus!

Übertragen auf den Konflikt zwischen Georgiern und Abchasen lautet das dann ungefähr so:

Zu Regel 1) Abchasen: Wir waren ein Königreich, das einmal das ganze Gebiet des heutigen Georgien kontrollierte; Ihr, Georgier, wart nur die Besetzer!

Zu Regel 2) Georgier: Grenzen müssen respektiert werden, schliesslich sind wir 1992 von der UNO in den damaligen internationalen Grenzen mit Abchasien und Südossetien anerkannt worden!

Zu Regel 3) Abchasen: Gerade weil wir ein Königreich waren, gehört das Gebiet uns, denn es ist die Wiege unserer Nation!

Zu Regel 4) Georgier: Ihr Abchasen habt die georgische Mehrheit von eurem Gebiet vertrieben! (Dass diese Mehrheit einst durch eine forcierte Migrationspolitik Stalins – eines Georgiers – zustande gekommen war, wird ausgeblendet.)

Zu Regel 5) Abchasen: Wir müssen gegen Eure (georgische) Unterdrückung geschützt werden, daher ist das Gebiet unser.

Regel 6) und 7) sind selbstredend!

In der Regel sind beide – oder alle – Konfliktparteien in einem solchen Perzeptionsmuster gefangen: Im Fall der Konflikte in Georgien ist die georgische Partei gewöhnlich gefangen in der Überzeugung, dass ihre Konflikte mit Südossetien und Abchasien kein innerethnisches Problem darstellen, sondern direkt aus Moskau gesteuert sind. Das ist aber wie in den sieben Regeln des Nationalismus zu kurz gefasst und hilft vor allem nicht, den Konflikt zu überwinden.

Kompromisse und Konzessionen sind kein Gesichtsverlust!
In den verschiedenen Konflikten, in denen ich tätig war, musste ich einsehen, dass meine Vorstellungen von einem friedlichen Zusammenleben, das durch Kompromisse und Konzessionen zustande kommt, nicht überall als das geeignete Mittel zur Erreichung eines Friedens angesehen werden. Ich habe oft erfahren müssen, dass Kompromisse und Konzessionen nicht als Stärke, sondern als Schwäche angesehen werden. Dabei geht es ja bei Kompromissen nicht darum, dass sie nur von einer Seite allein erbracht werden müssen. Nein, ein echter

Frieden kommt nur zustande, wenn beide bzw. alle Parteien Konzessionen machen, wenn der Frieden also alle schmerzt. Lassen Sie mich zur Illustration einen Gedanken von Amos Oz zitieren, der den Sachverhalt meines Erachtens genau trifft: «In meiner Welt sind Kompromisse ein Synonym für das Wort Leben. (…) Das Gegenteil von Kompromiss sind Fanatismus und Tod. (…) Ich rede davon, dem anderen auf dem halben Weg entgegenzukommen. Und es gibt keine glücklichen Kompromisse. Ein glücklicher Kompromiss ist ein Widerspruch…»[9]

Die notorischen Spielverderber (the «Spoilers»)
In jedem Konflikt gibt es sie, die «Schädlinge» oder Spielverderber. Manchmal sind es gut sichtbare, bekannte Persönlichkeiten, die aus einem nur ihnen nützlichen Grund gar nicht an einer friedlichen Lösung interessiert sind. Es gibt Kreise, die an Konflikten und Kriegen gut verdienen, sei es mit Waffenhandel, Waffenschmuggel oder anderen illegalen Aktivitäten, sei es, weil ein Konfliktgebiet immer auch ein rechtsfreier oder rechtsloser Raum ist, in dem das organisierte Verbrechen freie Hand hat, und diese Gruppen sind gewöhnlich nicht an einer Bereinigung des Konfliktes interessiert. Geht in einem Konflikt einmal etwas schief, platzt ein Abkommen kurz vor der Unterzeichnung, haben die Konfliktparteien die Tendenz, die Schuld am Scheitern einer sogenannten «dritten Macht» in die Schuhe zu schieben. Gewöhnlich wird die Gegenpartei, oft aber auch ein mächtiger Akteur, der im Dunkeln agieren soll, dafür verantwortlich gemacht. In den Konflikten in der früheren Sowjetunion muss dafür gewöhnlich Russland herhalten, manchmal nicht zu Unrecht. Allerdings machen es sich die Konfliktparteien mit diesen Verschwörungstheorien zu einfach, denn herrscht erst einmal Konsens über eine friedliche Einigung, verschwindet plötzlich auch die «dritte Macht» von der Bühne.

Im Konflikt zwischen den Georgiern und den Abchasen gab es einen echten kleinen «Schädling», der nur seine eigenen Interessen bediente. Nach langer Gesprächspause war es mir endlich wieder einmal gelungen, beide Parteien an den Verhandlungstisch zu bringen. Alles war vorbereitet, die Agenda war abgesprochen; es ging um Sicherheit, einen Bereich, der für beide Parteien wichtig war. Da hörte ich plötzlich zufällig während meines vorgängigen Gespräches mit dem amtierenden abchasischen Premierminister, dass jemand am Telefon zu ihm sagte: «Präsident Schewardnadse hat mir gerade gesagt, dass er dieses Treffen nicht gut findet!» Was nicht stimmte, denn ich war ja gerade noch beim georgischen Präsidenten für die letzten Details gewesen. Ich hatte danach aber die grösste Mühe, dieses Treffen dennoch durchzuführen. Ein Spielverderber eben!

Après moi le déluge!
Was mich bei Konfliktparteien immer wieder frappiert, ist der Tunnelblick, der es ihnen, trotz meiner Bemühungen um die Darstellung aller Vorteile einer Friedenslösung, vor allem auch für die Zukunft der nächsten Generationen, schlussendlich immer wieder unmöglich machte, den entscheidenden Schritt für eine Regelung des Konfliktes zu tun.

In einem Konflikt sind gewöhnlich alle Parteien der Überzeugung, historisch gesehen im Recht zu sein – die Geschichtsfalle und die Gewöhnungsfalle. Es ist einem Unrecht geschehen und diese Erfahrung wird kultiviert. Und man hat sich nun einmal auf Unabhängigkeit fixiert, und von dieser Idee weicht man nicht mehr ab. Ich erinnere mich an zahlreiche Gespräche mit meinen Verhandlungspartnern hüben und drüben, in denen ich den Parteien die Vorzüge einer einvernehmlichen Lösung schilderte: keine Sanktionen mehr, dramatische Verbesserung der Sicherheitslage, Reise- und Handelsfreiheit, wirtschaftlicher Aufschwung, blühender Tourismus vor allem in Abchasien am Schwarzen Meer usw. Gewöhnlich gab es aber für diese Argumente überhaupt kein Gehör.

Wenn ich die Gesprächspartner dann jeweils auf ihre Verantwortung für die Zukunft ihrer Kinder ansprach, kam immer rasch und vorwurfsvoll die Reaktion: «Auch unsere Kinder wollen in einem unabhängigen Staat leben! Und überhaupt, wir sind im Recht, und damit basta!» Damit werden die Kinder quasi zu Geiseln der politischen Vorstellungen ihrer Eltern. «Après moi le déluge!»

Über die Notwendigkeit, Kriege und Konflikte zu untersuchen
Kriege, Massaker und andere Gräueltaten sollten untersucht werden, wenn die Beteiligten überhaupt eine kleine Chance für die Überwindung der Konflikte haben wollen. In diesem letzten Punkt plädiere ich für eine solide Aufarbeitung von Konflikten. Das gilt auch, wenn Untersuchungsberichte manchmal einen schweren Stand haben, da sie von der einen oder anderen Seite verworfen oder zurückgewiesen werden. Ich erinnere nur an den Goldstone-Bericht über die israelische Operation im Gazastreifen an Weihnachten 2008/2009, den der Autor zurücknehmen musste.[10] Aber das wirft eher ein Licht auf die Konfliktparteien und ihre Agenda als auf die Qualität einer soliden Aufarbeitung des Tatbestandes.

Lassen Sie mich deshalb mit dem dazu genau passenden Beispiel schliessen, ich meine den Untersuchungsbericht über den Georgienkonflikt im August 2008.[11]

Als vor bald drei Jahren im August 2008 zwischen Georgien und Russland der Konflikt um das abtrünnige Südossetien ausbrach, kam das für Aussenstehende überraschend. Man war auf die Eröffnung der olympischen Sommerspiele in Beijing eingestellt, und plötzlich war da Krieg in Europa. In dieser Georgienkrise trat die Europäische Union als entscheidender internationaler Akteur auf. Der damalige französische EU-Ratsvorsitzende, Frankreichs Präsident Sarkozy, vermittelte bereits fünf Tage nach Kriegsbeginn einen Waffenstillstand durch Verhandlungen mit den Präsidenten Russlands und Georgiens, und wenig später entsandte die EU eine zivile Beobachtermission (EUMM) ins Konfliktgebiet. Aber vor allem setzte der EU-Ministerrat eine Untersuchungsmission über die Ursachen und den Verlauf des Augustkonfliktes ein. Mir fiel die Ehre zu, diese Untersuchung zu leiten und den Bericht zu verfassen.

Der daraus entstandene Bericht, den ich Ende September 2009 dem EU-Ministerrat übergab, kam zum Schluss, dass die militärische Auseinandersetzung zwischen Georgien und Russland zwar durch eine georgische Offensive auf die Stadt Tschinvali in Südossetien ausgelöst worden war, dass dem Waffengang aber eine jahrelange Eskalation vorausgegangen war, an der alle Konfliktparteien, Georgien ebenso wie Russland, aber auch die abtrünnigen Gebiete Südossetien und Abchasien, mitbeteiligt waren und somit alle Parteien dafür die Verantwortung trugen. Im Bericht kamen wir zum Schluss, dass in diesem Konflikt sowohl Georgien als auch Russland völkerrechtswidrig gehandelt hatten. Der über 1000 Seiten umfassende Bericht geht ausführlich auf die Ursachen und das Umfeld des Konflikts und seine historischen Wurzeln ein und setzt mit seiner detaillierten Behandlung der völkerrechtlichen, humanitären und Menschenrechtsfragen neue Standards in politisch höchst aktuellen Fragen.

Der Untersuchungsbericht hat nicht nur zur Beruhigung der angespannten Lage beigetragen, er ist in seiner Ausführlichkeit zu einer Art Referenzwerk über die Konflikte in Georgien geworden. Natürlich war das Augenmerk anfänglich hauptsächlich auf die Schuldfrage konzentriert. Aber für alle Betroffenen ist es seit der Veröffentlichung des Berichtes schwieriger geworden, ungestraft unbegründete Anschuldigungen zu erheben. Und wie wir es in der Einleitung zu unserem Bericht geschrieben haben, macht erst ein klares Verständnis der Faktenlage es überhaupt möglich, einen Ansatz für eine Lösung der Konflikte zu finden.[12]

Vielleicht liegt in diesen Ergebnissen einer der wenigen Schlüssel zur Vermeidung und Aufarbeitung von kriegerischen Auseinandersetzungen unserer Zeit, denn daraus zu lernen und Schlüsse zu ziehen, war ja die Begründung für diesen Auftrag.

Letzte Zufriedenheit daraus zu ziehen, ist vermutlich unangebracht. Befriedigung aus dem Umstand zu schöpfen, auf diese Weise einen hilfreichen Weg aufzeigen zu können, mag aber vielleicht doch erlaubt sein.

Anmerkungen

1. NZZ, 15.12.2010.
2. United Nations Development Programme, Entwicklungsprogramm der Vereinten Nationen.
3. United Nations High Commissioner for Refugees, UN-Flüchtlingshochkommissariat.
4. Independent International Fact-Finding Mission on the Conflict in Georgia, www.ceiig.ch, Band II, S. 25.
5. Der Entscheid wurde vom Zentralkomitee des Sowjetrussischen Obersten Sowjets 1921 gefällt, dem Stalin als Befehlshaber der Roten Armee und Kommandeur der Südfront ebenfalls angehörte. Im Grenzkonflikt zwischen Armenien und Aserbaidschan entschied der Oberste Sowjet die Angliederung Berg Karabachs an Aserbaidschan.
6. Halbach, Uwe: Ungelöste Regionalkonflikte im Südkaukasus. In: SWP-Studien 2010/S 08, März 2010, S. 33–34.
7. Independent International Fact-Finding Mission on the Conflict in Georgia, www.ceiig.ch.
8. Pugh, David C.: Seven rules of nationalism (1.8.2001).
9. Oz, Amoz: Wie man Fanatiker kuriert. Frankfurt a.M. 2004, S. 28–29.
10. The Washington Post, 1.4.2011.
11. Independent International Fact-Finding Mission on the Conflict in Georgia, September 2009, www.ceiig.ch.
12. Independent International Fact-Finding Mission on the Conflict in Georgia, www.ceiig.ch, Band I, S. 2.